TODD BURPO

Den Himmel gibt's echt

Gesprächsimpulse

SCM Hänssler

SCM

Stiftung Christliche Medien

Dieses Werk einschließlich aller seiner Teile ist urheberrechtlich geschützt. Jede Verwendung außerhalb der engen Grenzen des Urheberrechtsgesetzes ist ohne vorherige schriftliche Einwilligung des Verlages unzulässig und strafbar. Das gilt insbesondere für Vervielfältigungen, Übersetzungen und die Einspeicherung und Verarbeitung in elektronischen Systemen.

Die DVD (90 min) zu dem vorliegenden Buch ist erhältlich bei SCM Hänssler unter der Bestell-Nr. 210.248.

© der deutschen Ausgabe 2013
SCM Hänssler im SCM-Verlag GmbH & Co. KG · 71088 Holzgerlingen
Internet: www.scm-haenssler.de; E-Mail: info@scm-haenssler.de

Originally published in English under the title: Heaven is for real – Conversation Guide
© der Originalausgabe 2011 by HIFR Ministries, Inc.
Published by Thomas Nelson, Inc. in Nashville, Tennessee.
All Rights Reserved. This Licensed Work published under license.
Cover adapted from original package design © 2011 Thomas Nelson, Inc.
Used by permission.

Soweit nicht anders angegeben, sind die Bibelverse folgender Ausgabe entnommen:
Neues Leben. Die Bibel, © der deutschen Ausgabe 2002 und 2006
SCM R.Brockhaus im SCM-Verlag GmbH & Co. KG, Witten.
Weiter wurden verwendet:
(Luther): Lutherbibel, revidierter Text 1984, durchgesehene Ausgabe in neuer Rechtschreibung, © 1999 Deutsche Bibelgesellschaft, Stuttgart.
(Hfa): Hoffnung für alle®, Copyright © 1983, 1996, 2002 by Biblica US, Inc.,
Verwendet mit freundlicher Genehmigung des Verlags.

Übersetzung: Doris C. Leisering
Umschlaggestaltung: OHA Werbeagentur GmbH, Grabs, Schweiz;
www.oha-werbeagentur.ch
Titelbild: © Familie Burpo
Satz: Kathrin Retter, Weil im Schönbuch
Druck und Bindung: CPI – Ebner & Spiegel, Ulm
Gedruckt in Deutschland
ISBN 978-3-7751-5460-4
Bestell-Nr. 395.460

Inhalt

Einleitung 5

Kapitel 1
Warum sollten wir überhaupt über den Himmel nachdenken? 13

Kapitel 2
Wie ist der Himmel? 29

Kapitel 3
Wann kommt man in den Himmel? 51

Kapitel 4
Wo ist der Himmel? 69

Kapitel 5
Wer kommt in den Himmel? 91

Zum Schluss 109

Einleitung

Zeitig aufstehen. Sich um die Kinder kümmern. Zur Arbeit gehen. Das Abendessen organisieren. Alles für den nächsten Tag vorbereiten. Das ist das »wirkliche« Leben, und wir wissen alles darüber. Wir müssen uns jeden Tag neu damit auseinandersetzen. Wir kennen auch das Gesicht des Todes: Krebs, Herzinfarkt, Autounfall, Krankheit – das alles ist uns nur allzu nah.

Aber was geschieht nach unserem letzten Atemzug auf dieser Erde? Woher sollen wir wissen, was uns auf der anderen Seite erwartet? Wie sieht unser Leben jenseits der Welt aus, die wir kennen?

Der Tod ist für alle ein Geheimnis. Für Menschen, die Jesus nicht kennen, kann der Gedanke an den Tod erschreckend sein. Christen auf der ganzen Welt wissen, dass auf uns das ewige Zuhause im Himmel wartet. Doch der Tod bleibt ein Geheimnis, und das Unbekannte kann Angst machen, selbst für diejenigen, denen ihr Glaube an Jesus Christus die Sicherheit eines Lebens nach dem Tod gibt.

Durch *Den Himmel gibt's echt* haben Sie miterlebt, welchen wunderbaren Einblick Colton in die Welt erhalten hat, die auf uns wartet, wenn unsere Zeit auf dieser Erde abgelaufen ist. Mit den folgenden Impulsen wollen wir Sie und Ihre Kleingruppe auf eine noch turbulentere und ehrlichere Reise mit unserer Familie mitnehmen. Es ist eine Reise, auf der Sie durch Coltons »Brille« und durch Gottes Wort die Wahrheit verstehen lernen können – über die Ewigkeit und was sie für diejenigen, die Jesus kennen, bereithält.

Colton hat den Titel für sein Buch selbst ausgesucht: Er will allen sagen, dass es den Himmel »echt« gibt. Er wünscht sich, dass alle Menschen entdecken, dass die Worte von Jesus wahr sind:

»Denn Gott hat die Welt so sehr geliebt, dass er seinen einzigen Sohn hingab, damit jeder, der an ihn glaubt, nicht verloren geht, sondern das ewige Leben hat. Gott sandte seinen Sohn nicht in die Welt, um sie zu verurteilen, sondern um sie durch seinen Sohn zu retten. Wer an ihn glaubt, wird nicht verurteilt. Wer aber nicht an ihn glaubt, ist schon verurteilt, weil er nicht an den Namen des einzigen Sohnes Gottes geglaubt hat« (Johannes 3,16-18).

Wer Jesus noch nicht als seinen persönlichen Retter kennt, für den sollen die folgenden Impulse als Wegweiser zu Jesus dienen – der Weg, Wahrheit und Leben ist – und erklären, wie man schon jetzt und für die Ewigkeit in Gottes Reich leben kann. Christen soll dieses Buch ermutigen: das weiterzusagen, was wir als wahr erkannt haben; alle Unsicherheit hinter sich zu lassen; und anderen zu versichern, dass der Himmel ein wirklicher Ort ist, der die-je-nigen erwartet, die Jesus Christus als ihren Retter und Herrn angenommen haben.

»Den Himmel gibt's echt« im Gruppengespräch

Die Grundlage für dieses Impulsbuch sind Coltons Geschichte und die Erfahrungen, die wir als Familie gemacht haben, seit wir der Welt von Coltons Abstecher in den Himmel erzählt haben. Es soll diejenigen stärken, die Jesus bereits kennen, und denen, die ihn nicht kennen, erklären, worum es geht. Wir werden über viele Aspekte unserer Erlebnisse als Familie sprechen, aber das Wort Gottes ist in jedem Fall die letzte Instanz zur Beurteilung dieser Erlebnisse. Wir hoffen, dass Ihnen die Entdeckungsreise durch die biblischen Grundlagen zu *Den Himmel gibt's echt* mit ihrer Kleingruppe Mut macht, dass sie Sie herausfordert und Ihr Leben verändert.

Einleitung

Jede Kleingruppe ist ein Ausdruck des Leibes Christi in Aktion. Jedes Mitglied hat eine einzigartige Sichtweise und eine wichtige Stimme. Damit auch jeder in Ihrer Gruppe den Mut hat, sich ehrlich und offen am Gespräch zu beteiligen, ist es uns wichtig, für eine Gesprächsatmosphäre zu sorgen, in der jeder gleich wertgeschätzt ist, ganz egal, wo er oder sie im Glauben steht. Alle sollen frei reden, Fragen stellen und ihre Meinung äußern dürfen, ohne Angst oder Zögern. Wir möchten alle ermutigen, authentisch und offen zu sein und sich, soweit sie können, am Gespräch zu beteiligen. Mitgefühl und Respekt sind dabei wichtige Voraussetzungen im Leben einer Kleingruppe. Praktisch bedeutet dies, sich gegenseitig zuzuhören, füreinander zu beten, einander zu ermutigen und alles Persönliche, was in der Gruppe ausgesprochen wird, strikt vertraulich zu behandeln. Wenn man sich gegenseitig kritisiert oder verurteilt, verhindert das nur ein offenes Gespräch und lähmt das Leben der Kleingruppe.

Wie bei allem anderen im Leben können Sie auch aus den hier angeregten Gesprächen nur so viel mitnehmen, wie Sie zu geben bereit sind. Gehen Sie unvoreingenommen an die Sache heran. Nehmen Sie sich mit Ihrer Kleingruppe Zeit, Jesus näherzukommen und sich von seinem Geist beschenken zu lassen. Nehmen Sie sich auch die Woche über Zeit, Gottes Wort zu lesen und für sich zu entdecken, was dort über das Leben im Überfluss gesagt wird, das wir schon heute in Gottes Reich haben dürfen. Machen Sie sich mit Gottes Versprechen für die kommende Welt vertraut. Beten Sie intensiv für die anderen Mitglieder Ihrer Kleingruppe und freuen Sie sich gemeinsam, wie der Heilige Geist »Kraft herunterschießt« und so Umstände und Herzen verändert und Heilung ins Leben bringt.

Fangen wir an, mit vereinten Herzen und Gedanken mehr über die Ewigkeit zu erfahren und wie wir in starkem, kindlichem und zuversichtlichem Glauben leben können.

»Gebrauchsanleitung« zu diesem Buch

Coltons Geschichte, wie wir sie in *Den Himmel gibt's echt* erzählen, hat ganz außerordentliche Reaktionen ausgelöst. Für manche war das Buch eine enorme Ermutigung und eine Hilfe dazu, innere Heilung zu erfahren. Für andere gab es Anlass zu Verwirrung und Feindseligkeit. Wir hatten das Gefühl, dass wir einerseits auf diese Bedenken eingehen, andererseits aber auch mehr von unseren Erlebnissen erzählen und mehr zu den biblischen Grundlagen unserer Botschaft sagen sollten. *Den Himmel gibt's echt* ist die Geschichte; die folgenden Gesprächsimpulse sollen über die Geschichte hinausführen. Wir möchten den Leser tiefer mit in die Wirklichkeit von Gottes Reich und der biblischen Wahrheiten hineinnehmen, die Coltons Erlebnisse im Himmel und die Erfahrungen unserer Familie seit dem Bekanntwerden unserer Geschichte umgeben.

Die DVD

Gemeinsam mit Ihrer Kleingruppe werden Sie eine DVD ansehen, in der es um verschiedene Aspekte von Coltons Erfahrung und die Fragen geht, die seit seinem Erlebnis im Himmel aufgetaucht sind. Jedes DVD-Kapitel ist in zwei Abschnitte unterteilt: eine einleitende Betrachtung und ein Interview mit Colton und unserer Familie. Es ist zwar nicht zwangsläufig nötig, *Den Himmel gibt's echt* zu lesen, bevor man sich mit den Gesprächsimpulsen beschäftigt, aber wir würden es Ihnen trotzdem sehr empfehlen, damit Sie die Ereignisse besser verstehen können, von denen im Video die Rede ist.

Das Gruppengespräch

Wir alle haben viele Fragen zum Thema Tod. Vielleicht wollen Sie sich mit diesem Thema einfach im Licht der biblischen Wahrheit beschäftigen; vielleicht macht Ihnen der Gedanke an Ihren eigenen Tod Angst; vielleicht hat der Tod Ihnen einen geliebten Menschen aus dem Herz und aus den Armen gerissen. Ganz gleich, aus welchem Grund Sie sich auf diesen Weg gemacht haben: Ihre Kleingruppe kann Sie dabei unterstützen und ermutigen.

Wir haben uns dafür entschieden, diese Impulse als Anleitung für das Gespräch in Kleingruppen zu gestalten, um eine Atmosphäre der Gemeinschaft zu schaffen – gewissermaßen eine »Mini-Gemeinde«. Wie der Apostel Paulus sagte: »So wie euer Körper viele Teile und jeder Körperteil seine besondere Funktion hat, so verhält es sich auch mit dem Leib Christi. Wir sind alle Teile seines einen Leibes, und jeder von uns hat eine andere Aufgabe zu erfüllen. Und da wir alle in Christus ein Leib sind, gehören wir zuei-nander, und jeder Einzelne ist auf alle anderen angewiesen« (Römer 12,4-5).

Ihre Gruppe besteht aus Menschen, die den Wunsch haben, mehr über Gott und sein Reich zu lernen. Das ist ein sicherer Raum, in dem Sie Ihre Fragen und Sorgen, Ihren Kummer und Schmerz äußern können. Wenn Sie offen darüber reden und anderen erlauben, ihre eigenen Gedanken und Gefühle zu erforschen, während Sie gemeinsam der Wahrheit auf den Grund gehen, werden alle gestärkt.

Für jeden Abschnitt dieses Buches gibt es Gesprächsimpulse oder vertiefende Themen. Diese sollten als Gesprächseinstieg betrachtet werden, nicht als Vorschrift. Es ist nicht schlimm, wenn nicht alle Fragen in allen Abschnitten angesprochen werden. Das Wichtigste ist der echte, glaubwürdige, offene und ehrliche Austausch. Wenn Christen und Noch-nicht-Christen liebevoll, einfühlsam und ehrlich miteinander umgehen, wird der Heilige Geist

Den Himmel gibt's echt

sie alle zur Wahrheit führen. Trauen Sie sich, sich zu öffnen. Gehen Sie in Ihrer Gruppe ein Risiko ein. Seien Sie bereit, Liebe und Mitgefühl weiterzugeben. Sie werden feststellen, dass sich das Risiko mehr als auszahlt.

Zum Weiterdenken

Im Anschluss an jeden Abschnitt gibt es Raum für persönliche Betrachtungen unter der Überschrift »Zum Weiterdenken«. Dieser Teil ist dazu gedacht, dem Einzelnen zu helfen, sich tiefergehend mit Gottes Wort zu beschäftigen und in seiner persönlichen Beziehung zu Gott zu wachsen. An dieser Stelle finden Sie weiterführende Bibelstellen und meditative oder inspirierende Themen, die Sie ermutigen und Ihren Glauben stärken sollen. Persönliche Zeit mit Gott ist für das Glaubensleben unerlässlich. Nehmen Sie sich jeden Tag Zeit, um mit Gott zu reden, sein Wort zu lesen und sich in den Strahlen der Liebe zu sonnen, die von Gott ausgehen. Wie Colton sagt: »Er hat uns ganz, ganz doll lieb … Du kannst dir gaaaaar nicht vorstellen, wie sehr er uns lieb hat!«

Weitere Notizen

In unserer gemeinsamen Zeit werden wir uns mit vielen Themen beschäftigen, die unser Leben und unser Herz berühren. Wir werden jede Woche intensiv Zeit miteinander verbringen. Hoffentlich wird aber auch jeder Einzelne von uns sich Zeit nehmen, über die gemeinsamen Gespräche nachzudenken und Jesus im Gebet um Verständnis und Glauben bitten. Wenn wir uns Zeit dafür nehmen, wirklich über die Wahrheit von Gottes Wort nachzudenken, wird Jesus uns ins Herz und in die Gedanken hineinsprechen. In diesem Buch wurde zwar in jedem Kapitel Raum gelassen, wo Sie Ihre Gedanken aufschreiben können; vielleicht kann es Ihnen aber auch helfen, ein eigenes Notizbuch anzulegen – besonders für das, was Ihnen in jeder Woche beim Weiterdenken im Gespräch mit Jesus klar wird. Über das, was Sie in Ihren Notizen aufschreiben, müssen Sie nicht sprechen – Sie können es aber, wenn Sie möchten. Fühlen Sie sich also ganz frei, Ihre Fragen aufzuschreiben, Ihre Gefühle in Worte zu fassen und die Wahrheiten festzuhalten, die Sie entdecken, wenn Sie Gott suchen und auf seine Stimme hören.

Ganz praktisch

Die Einsichten, die Sie in der kommenden Kleingruppenarbeit gewinnen werden, könnten Ihr Leben verändern. Vielleicht möchten Sie auch mit Ihrer Familie darüber reden. Um Ihnen zu helfen, Ihre Familie in diesen Prozess einzubeziehen, haben wir am Ende jedes Kapitels Vorschläge für Gesprächsthemen und Fragen eingefügt. Sie können diese Vorschläge ganz individuell auf die Dynamik und Persönlichkeit Ihrer Familie zuschneiden.

Wir selbst haben als Familie durch Coltons Ausflug in den Himmel Mut und Hoffnung geschöpft. Unser Wunsch ist es, dass auch Sie und Ihre Familie das Staunen, den Frieden und die lebenslange Hoffnung entdecken, dass es den Himmel »echt« gibt.

Kapitel 1
Warum sollten wir überhaupt über den Himmel nachdenken?

Colton ist sich vollkommen sicher, dass es den Himmel wirklich gibt; und wir sind es auch. Wir sind eine ganz gewöhnliche Familie in außergewöhnlichen Lebensumständen. Wir wollen Gott treu sein und diejenigen ermutigen, die uns und unserer Geschichte begegnen. Die uns anvertraute Botschaft, dass es den Himmel wirklich gibt, ist ernst und eindrücklich, weil sie eine ewige Wahrheit beinhaltet. Es ist eine Botschaft der Hoffnung und des Friedens.

Die Welt ist voller Menschen, die verzweifelt auf der Suche nach Wahrheit, Hoffnung und Frieden sind. Gott kann Coltons Erlebnis benutzen, um dieser Not direkt zu begegnen. Wir beten, dass seine Erfahrung, beschrieben mit den leicht verständlichen Worten eines Vierjährigen, durchdringt: durch die Unklarheiten dieser Welt – selbst die Zweifel in den Gedanken und Seelen derjenigen, die bereits an Jesus Christus glauben.

Wir haben festgestellt, dass unsere Familie nicht allein ist. Überall in der weltweiten Gemeinde Jesu Christi haben wir Menschen gefunden, die sich mit unseren Erlebnissen identifizieren können und die einander im Glauben ermutigen und aufbauen (siehe 1. Thessalonicher 5,11).

Doch jeder Botschaft gegenüber gibt es auch Skeptiker. Angesichts der Bedeutung dieser Botschaft ist es schlau, sie sorgfältig und unvoreingenommen zu prüfen. Manche Menschen sind fest entschlossen, nicht zu glauben, ungeachtet aller Beweise. Unsere Aufgabe ist es nicht, zu streiten und zu überzeugen. Unsere Aufgabe ist es, auf diese Realität hinzuweisen, so deutlich und gut, wie wir es können – gerade so, wie es die Aufgabe jedes Christen ist, von Christus und unserer ewigen Heimat zu reden. Wir beten, dass die Erfahrungen unserer Familie ein starkes Zeugnis für die Menschen sind, die nicht an Jesus glauben, aber auch die Gläubigen tröstet und stärkt.

Wir haben die Kraft von Gottes Wort in unserem eigenen Leben erfahren. Coltons Erlebnisse haben unseren Glauben an Gottes Wort und seine unveränderliche Wahrheit nur gestärkt. Gottes Wort macht Unmögliches möglich und ist maßgeblich für unser Leben heute und in der Ewigkeit. Deshalb wollen wir uns nun mit der Bibel beschäftigen, der für uns letztgültigen Autorität, um herauszufinden, warum wir überhaupt über den Himmel nachdenken sollten.

Gruppengespräch

Was hat Sie dazu gebracht, sich mit diesem Thema zu beschäftigen?

1. Warum sollten wir überhaupt über den Himmel nachdenken?

Haben Sie überhaupt schon einmal über die Wirklichkeit des Himmels nachgedacht oder war Ihnen dieses Thema bislang wichtig? Warum oder warum nicht?

Glauben Sie an ein Leben nach dem Tod? Wenn ja, welche Vorstellungen vom Himmel oder vom Leben nach dem Tod hatten Sie bisher?

DVD Kapitel 1: Einführung

Wer ist Gott? Das ist eine Frage, die wir für uns selbst beantworten müssen. Um wahrhaftig und voller Glauben beten zu können, müssen wir denjenigen kennen, um dessen Eingreifen wir bitten. Um unseren Glauben an Jesus Christus anderen erklären zu können, müssen wir in der Lage sein, sie mit unserem Vater im Himmel bekannt zu machen.

Der eine, wahre Gott, der Gott, dem Colton im Himmel begegnete, ist die heilige Dreieinigkeit: Gott der Vater, Gott der Sohn (Jesus) und Gott der Heilige Geist (1. Mose 1,2-3; 2. Samuel 23,2-3;

Hiob 33,4; Micha 5,2; Johannes 1,1-3.14; 8,58; 10,30; 15,26). Er ist real und persönlich und heilig. Wenn wir also »Gott« sagen, meinen wir damit keine allgemeine »höhere Macht« oder einen Gott, den wir nach unseren eigenen Wünschen erfunden haben, sondern den heiligen Gott des Himmels und der Erde, den Urheber der Ewigkeit. Fakt ist, dass die meisten Menschen in irgendeiner (wenn auch noch so irrigen) Form Gott anerkennen. Jesus allerdings ist oft nicht zu erkennen. Derjenige, der uns den Charakter und das Wesen Gottes offenbart hat (Johannes 14,8-10); derjenige, der starb, damit wir den Vater kennen und ewig bei ihm leben können (Johannes 17,3); dieser Gott ist in den meisten Bereichen der Gesellschaft verdächtig abwesend.

Gruppengespräch

Welche Gedanken kommen Ihnen, wenn Sie über das Wesen Gottes als Vater, Sohn und Heiliger Geist nachdenken? Fallen Ihnen Beispiele aus Gottes Wort, der Bibel, ein, die Ihnen helfen, diese schwierige Tatsache besser zu verstehen?

1. Warum sollten wir überhaupt über den Himmel nachdenken?

Ist Ihnen schon einmal aufgefallen, dass Jesus oft selbst dort abwesend ist, wo Gott anerkannt wird? Stört Sie das? Warum oder warum nicht?

Welche »Götter« versuchen wir, für uns selbst zu erschaffen? Inwiefern richten sie sich gegen den einen, wahren Gott, den wir in der Bibel finden?

Beschreiben Sie, wie Gott für Sie ist und was er für Sie bedeutet. Seien Sie dabei ganz ehrlich.

Wie wichtig ist es, sich über Gottes Identität klar zu werden?

DVD Kapitel 1

So, wie es wichtig ist zu wissen, was wir mit »Gott« meinen, ist es auch wichtig zu wissen, was wir mit »Himmel« meinen. Wir sprechen nicht von einem unbestimmten Zielort, den manche Religionen »Nirwana«, »mit dem Universum eins werden« oder »Reinkarnation« in der einen oder anderen Form nennen. Wir sprechen von dem ewigen Zuhause, das von Gott für diejenigen vorbereitet ist, die an ihn glauben und ihm folgen – ein Zuhause, das uns durch die Rettung durch Gottes Sohn Jesus Christus offen steht. Wir sprechen von ewiger Nähe zu Gott an dem Ort, an dem er alles Falsche zurechtgebracht und alle Wunden dieser gegenwärtigen Welt geheilt haben wird. Der Himmel ist die Erfüllung von Gottes Reich und die Erfüllung unseres Lebens in Gott.

Das Wissen um die Wirklichkeit dieser ewigen Heimat kann der Rettungsring sein, der uns über Wasser hält, wenn uns das Leben wie eine Welle zu überrollen droht. Eine biblisch begründete Sichtweise kann uns helfen weiterzugehen, selbst wenn die Probleme der Welt jeden Schritt hindern wollen. Irgendwo werden wir die Ewigkeit auf jeden Fall verbringen, also ist es lebenswichtig, so gut wir können darüber nachzudenken und zu wissen, wo das sein wird. Mit Coltons Worten: Es ist unglaublich wichtig zu wissen, dass es den Himmel »echt gibt«.

1. Warum sollten wir überhaupt über den Himmel nachdenken?

📖 Bibelstellen

Johannes 5,24-29
»*Ich versichere euch: Wer meine Botschaft hört und an Gott glaubt, der mich gesandt hat, der hat das ewige Leben. Er wird nicht für seine Sünden verurteilt werden, sondern ist bereits den Schritt vom Tod ins Leben gegangen.*

Und ich versichere euch: Die Zeit kommt, ja sie ist bereits da, in der die Toten die Stimme des Sohnes Gottes hören werden. Und wer sie hört, wird leben. Der Vater hat Leben aus sich selbst heraus, und er hat auch seinem Sohn die Vollmacht gegeben, aus sich selbst heraus Leben zu haben. Und er verlieh ihm die Vollmacht, die ganze Menschheit zu richten, weil er der Menschensohn ist.

Wundert euch nicht! Die Zeit wird kommen, in der die Toten in ihren Gräbern die Stimme des Sohnes Gottes hören und auferstehen werden. Diejenigen, die Gutes getan haben, werden zum ewigen Leben auferstehen, und diejenigen, die Schlechtes getan haben, werden zum Gericht auferstehen.«

Matthäus 25,32-34.41.46
»*Alle Völker werden vor ihm zusammengerufen, und er wird sie trennen, so wie ein Hirte die Schafe von den Ziegen trennt. Die Schafe wird er zu seiner Rechten hinstellen, die Ziegen zu seiner Linken. Dann wird der König zu denen auf seiner rechten Seite sagen: ›Kommt, ihr seid von meinem Vater gesegnet, ihr sollt das Reich Gottes erben, das seit der Erschaffung der Welt auf euch wartet. ...*

Und dann wird sich der König denen auf seiner linken Seite zuwenden und sagen: ›Fort mit euch, ihr Verfluchten, ins ewige Feuer, das für den Teufel und seine bösen Geister bestimmt ist!‹ ... Und sie werden der ewigen Verdammnis übergeben werden, den Gerechten aber wird das ewige Leben geschenkt.«

Den Himmel gibt's echt

Römer 6,23
»*Denn der Lohn der Sünde ist der Tod; das unverdiente Geschenk Gottes dagegen ist das ewige Leben durch Christus Jesus, unseren Herrn.*«

Gruppengespräch

Hat das, was wir in diesem Kapitel besprochen haben, Ihre Sicht vom Himmel geändert? Wenn ja, wie?

Inwiefern steht Ihre jetzige Sicht vom Himmel im Gegensatz zu Ihren früheren Vorstellungen?

1. Warum sollten wir überhaupt über den Himmel nachdenken?

Was hat Sie an Coltons Geschichte als Erstes fasziniert? Welche ermutigenden Erfahrungen im Zusammenhang mit Coltons Geschichte vom Himmel haben Sie schon selbst gemacht oder von anderen gehört?

Wurden Sie darin bestärkt, mit anderen über Ihren Glauben und Ihre eigenen Erlebnisse zu sprechen?

Johannes 5,24-29 macht sehr deutlich, dass wir alle die Ewigkeit irgendwo verbringen werden – entweder im ewigen Leben oder in der ewigen Verdammnis. Wie kann das Wissen, dass Ihre Zukunft das ewige, echte Leben bei Gott ist, Ihnen helfen, Ihre Probleme auf dieser Erde zu bewältigen? Wie kann die Realität der endlosen Verdammnis für diejenigen, die Jesus Christus nicht kennen, Sie motivieren, anderen von der Rettung und der ewigen Sicherheit bei Gott zu erzählen?

Den Himmel gibt's echt

In Matthäus 25 wird uns diese Wahrheit noch deutlicher vor Augen geführt. Der Himmel ist das Reich, das für uns »seit der Erschaffung der Welt« vorbereitet ist (siehe Vers 34). Gott hat unser ewiges Zuhause vorbereitet, noch bevor wir überhaupt ins Leben gerufen wurden. Wie verändert diese Tatsache das, was Sie über den Himmel denken?

Warum sollten wir angesichts von Johannes 5 und Matthäus 25 über den Himmel nachdenken?

Am Anfang dieses Kapitels haben wir davon gesprochen, dass die Gesellschaft häufig Gott anerkennt, aber Jesus tragischerweise nicht beachtet. Was sagt uns Römer 6,23 über die Gegenwart von Gott dem Vater und Jesus bezüglich der Ewigkeit? Wer ist die Quelle unseres ewigen Lebens im Himmel?

1. Warum sollten wir überhaupt über den Himmel nachdenken?

✝ Gebet

Herr, wir danken dir, dass du uns so sehr liebst, dass du uns die Rettung von unseren Sünden ermöglichst und ein ewiges Zuhause für uns vorbereitet hast. Wir bitten dich, dass du unsere Beschäftigung mit diesem Thema segnest und dein Wort zu uns sprechen lässt, damit wir daraus lernen, davon herausgefordert und dadurch erneuert werden. Wir danken dir für den Einblick, den du Colton und seiner Familie gegeben hast, und dafür, dass sie uns an ihren Erfahrungen teilhaben lassen. Bitte sei bei uns, wenn wir uns mit der Wirklichkeit deines Reiches beschäftigen. Amen.

☁ Zum Weiterdenken

Für uns ist es schwer, uns die herrliche Welt, die Colton besucht hat, auch nur vorzustellen. Wie könnte unser begrenzter menschlicher Verstand je die ewigen Wunder Gottes begreifen?

Colton versuchte mit den Worten eines Vierjährigen die unvergleichliche Schönheit und unbeschreibliche Herrlichkeit des Reichs unseres himmlischen Vaters zu beschreiben. Seine Erfahrung ähnelt der des Apostels Johannes, die er im Buch der Offenbarung aufgeschrieben hat: Johannes versuchte, Bilder und Klänge wiederzugeben, die sein Begreifen überstiegen. Der Apostel wusste, dass bloße Worte nicht die Ehrfurcht erregende Herrlichkeit des Himmels vermitteln konnten. Deshalb verwendete er in seiner Beschreibung über sechzig Mal das Wort »wie« (siehe z. B. Offenbarung 1,10.14; 4,1.6-7; 6,1; 8,8.10).

Doch durch die Augen eines Kindes wurde uns ein winziger Einblick in die herrliche Welt gegeben, die alle erwartet, die den Sohn Gottes persönlich kennen.

Zum persönlichen Nachdenken

Lesen Sie 5. Mose 4,29 und Matthäus 7,7-8.

Suchen Sie ihn, und Sie werden ihn finden! Gott ist zugänglich und bereit, Ihnen zu begegnen, wenn Sie ihn von ganzem Herzen suchen.

Vermutlich werden wir nicht leibhaftig bei Jesus auf dem Schoß sitzen und seine behutsame Berührung spüren. Vermutlich erleben wir vor dem Tag, an dem unser Retter uns nach Hause holt, nicht die Freude, ihm von Angesicht zu Angesicht in seine liebevollen Augen zu schauen. Vermutlich werden wir erst auf der anderen Seite der Ewigkeit die Herrlichkeit von Gottes Thron sehen können. Doch Jesus sagt uns, dass wir ihn hier und jetzt kennenlernen können. Wenn wir beten und uns intensiv mit seinem Wort befassen, können wir erleben, wie unvergleichlich zufrieden es uns macht, in einem vertrauten Verhältnis mit unserem Herrn zu leben. Unser Retter verspricht, dass er sich denen offenbaren wird, die ihn suchen. Verbringen Sie Zeit mit ihm. Lernen Sie seine sanfte Stimme kennen, mit der er in Ihre Seele hineinspricht. Beginnen Sie, den Herzschlag des Schöpfers zu hören, wenn Sie dem Urheber des Lebens begegnen. Trinken Sie reichlich vom Wasser des Lebens, das für alle fließt, die sich Gottes Thron der Gnade nähern. Erleben Sie die Freude, tief in die Augen der Quelle des Lebens und der Liebe selbst zu schauen – unseres ewigen, dreieinigen Gottes: Vater, Sohn und Heiliger Geist.

1. Warum sollten wir überhaupt über den Himmel nachdenken?

Nachdenkenswerte Fragen

Was bedeutet es, in einer vertrauten Beziehung mit dem Herrn Jesus Christus zu leben?

Welche Schritte können Sie unternehmen, um in Ihrem Leben zu solch einer vertrauten Beziehung zu Jesus zu gelangen?

Sind Gebet und Bibellesen ein wichtiger Teil Ihres Lebens? Wie viel Zeit verbringen Sie jeden Tag mit Gott? Spiegelt dieser Zeitrahmen Gottes Stellenwert in Ihrem Leben angemessen wider?

Schreiben Sie Worte auf, die Ihre Glaubensbeziehung zu Jesus Christus ehrlich beschreiben.

_____

_____

_____

Schreiben Sie Worte auf, die Ihre Beziehung zu seiner Gemeinde wahrheitsgemäß beschreiben.

_____

_____

_____

Wie geht es Ihnen, wenn Sie über die Begriffe nachdenken, mit denen Sie die zwei letzten Fragen beantwortet haben? Wenn Ihre Beziehung zu Gott und seiner Gemeinde nicht so ist, wie Sie es sich wünschen würden, was könnten Sie tun, um sie zu verbessern?

_____

_____

_____

_____

1. Warum sollten wir überhaupt über den Himmel nachdenken?

Weitere Notizen

Ganz praktisch

- Warum sollten wir überhaupt über den Himmel nachdenken?
- Lesen Sie Offenbarung 21,1-5.23-27 und 22,1-5. Was lernen Sie aus diesen Abschnitten?
- Beschreiben Sie, wie Sie den Himmel sehen.
- Wer lebt im Himmel?
- Was meinen Sie, wie wird es sein, Jesus zum ersten Mal zu sehen?
- Was meinen Sie, wie wird es sein, Gott zum ersten Mal zu sehen?
- Welche Dinge in Ihrem Leben machen Sie traurig?
- Wie wird es wohl sein, an einem Ort zu leben, wo man nie traurig ist?
- Wie kommt man in den Himmel?

Familiengebet

Jesus, wir danken dir für unsere Familie. Danke, dass du uns heute ein Zuhause schenkst, und danke, dass du ein Zuhause für uns im Himmel geschaffen hast, das ewig bleiben wird. Bitte segne unsere Familie, Jesus. Hilf uns, uns immer daran zu erinnern, wie sehr du uns liebst. Zeig uns, wie wir unsere Familie am besten lieben können, selbst an Tagen, an denen es uns schwerfällt. Hilf uns, dich jeden Tag besser kennenzulernen, und erinnere uns an all die wunderbaren Dinge, die du für uns getan hast. Amen.

☁ Kapitel 2 ☁
Wie ist der Himmel?

Wir alle haben Fragen, wie der Himmel ist. Doch den Himmel zu beschreiben, ist so, als wollte man einem Menschen aus der Antike New York beschreiben. Der Himmel ist jenseits unserer Welt und außerhalb unserer Dimensionen. Er ist eine geistliche Welt, und wir leben in einer sichtbaren, fassbaren Welt. Wir können nur unsere eigenen begrenzten Worte, unser begrenztes Wissen und unsere begrenzten Erfahrungen nutzen, um über Dinge zu sprechen, die jenseits unserer fassbaren Welt liegen. Manche Dinge, die Colton während seines Besuchs im Himmel gesehen hat, gaben Anlass zu Meinungsverschiedenheiten und vielen Diskussionen. Das verstehen wir. Wir können nichts weiter tun, als weiterzusagen, was er gesehen hat, so gut wir es können. Doch es gibt gewisse Wahrheiten über den Himmel, die sich nicht leugnen lassen. In diesem Kapitel möchten wir uns auf diese Wahrheiten konzentrieren, wie Colton sie erlebt hat, und vor allem, wie die Bibel sie beschreibt.

Jesus sagte: »Es gibt viele Wohnungen im Haus meines Vaters, und ich gehe voraus, um euch einen Platz vorzubereiten. Wenn es nicht so wäre, hätte ich es euch dann so gesagt? Wenn dann alles bereit ist, werde ich kommen und euch holen, damit ihr immer bei mir seid, dort, wo ich bin« (Johannes 14,2-3). Er bestätigte außerdem, dass sein Vater auch unser Vater ist (Lukas 11,2). Was für eine erstaunliche Wahrheit: Jesus hat im Haus unseres himmlischen Vaters einen Platz für uns vorbereitet!

Coltons Lieblingsplatz in Gottes Haus war Gottes Thronsaal. Colton saß dort mit Gott dem Vater, Gott dem Sohn und Gott dem Heiligen Geist. Vielleicht wünschen Sie sich jetzt, Sie könnten die gleiche Gegenwart des einen, wahren Gottes erleben.

Das können Sie! Gottes Thronsaal ist ein Ort, an dem alle, die an Jesus glauben, willkommen sind. Gott hat eine offene Einladung ausgesprochen, für immer mit ihm in seinem Haus zu leben; um diese Einladung anzunehmen, müssen wir einfach nur an Christus als unseren persönlichen Retter glauben. Jesus ist die Tür zu Gottes Haus und gibt uns Zugang zu unserem wahren Zuhause voller ungetrübter Freude, voller Bedeutung und Sinn.

Über bestimmte Aspekte des Himmels lässt sich diskutieren, wie zum Beispiel, ob Tiere dort sein werden oder ob wir Flügel haben werden oder nicht. Doch letztendlich gilt, dass der Himmel sehr real ist und dass wir dort ewig bei Gott leben können.

Nun wollen wir etwas tiefer in Coltons Erlebnis einsteigen und anhand von Gottes Wort herausfinden, wie der Himmel ist.

Gruppengespräch

Welche konkreten Fragen haben Sie bisher über den Himmel?

2. Wie ist der Himmel?

Haben Sie in unserer Beschäftigung mit dem Thema mittlerweile eine etwas deutlichere Vorstellung vom Himmel bekommen? Warum oder warum nicht? Wenn der Himmel Ihnen inzwischen etwas realer erscheint, inwiefern?

___

___

___

DVD Kapitel 2: Einführung

Wenn wir darüber nachdenken, wie der Himmel ist, stehen wir oft in der Versuchung, uns von komplizierten Theorien oder Details überwältigen zu lassen. Wenn man versucht, einen unbekannten Ort zu beschreiben – und noch dazu einen himmlischen –, dann kann das unglaublich schwierig sein. Wir können uns in Diskussionen über Dinge wie Straßen aus Gold verfangen oder darüber, ob wir dort unsere Haustiere wiedersehen werden. Solche Diskussionen sind an sich überhaupt nicht schlecht. Doch vielleicht muss die Erklärung, wie der Himmel ist, im Wesentlichen gar nicht so kompliziert ausfallen. Was definiert – bei allen Details – den Himmel wirklich? Ganz einfach: Der Himmel ist Gottes Haus. Gott ist dort gegenwärtig, und das macht den Himmel zum Himmel. In 1. Mose 1,27 lesen wir, dass wir nach Gottes Bild erschaffen sind. Doch hier auf der Erde kann es schwer für uns sein, in den Spiegel zu schauen und etwas Göttliches darin zu sehen. Wir bleiben leicht bei unseren Schwächen, unserem Versagen und unserem manchmal entschieden ungöttlichen Verhalten stehen.

Und doch sind wir nach Gottes Bild erschaffen und Gegenstand seiner Zuneigung (Johannes 3,16). Wir wurden von ihm und für ihn erschaffen; deshalb wird es unsere letzte Erfüllung sein, ewig in seiner Gegenwart zu leben.

Der Himmel soll unser ewiges Zuhause sein. Zu unseren eigenen Häusern gewähren wir auch niemandem Zutritt, den wir nicht eingeladen haben und der uns unbekannt ist; er kann bei uns nicht einfach kommen und gehen, wie er möchte. Wir heißen in unserem Haus Menschen willkommen, die um Eintritt gebeten haben; wir öffnen unsere Türen denjenigen, die wir kennen. Wir lernen durch Gottes Wort, dass Jesus die Tür zu Gottes Haus ist und der einzige Weg an diesen vollkommenen Ort (Johannes 10,9). Der Himmel wurde schon vor Grundlegung der Welt für uns vorbereitet (Matthäus 25,34). Doch Zugang zu diesem vollkommenen Ort wird nur denen gewährt, die den Herrn des Himmels, Jesus, kennen. Niemand kann seinen eigenen Weg zum Himmel erfinden; niemand kann eigene Strategien entwerfen, um sich Zugang zu verschaffen. Es gibt keine alternative Tür.

Jesus sagte uns, dass er geht, um einen Ort für diejenigen vorzubereiten, die ihn kennen, und dass er eines Tages zurückkommen wird, um sie zu sich nach Hause zu holen (Johannes 14,2-3). Keine Sünde wird in Gottes Haus einbrechen können. Doch obwohl Sünde in unser aller Leben eine Tatsache ist (Römer 3,23), wird unsere Sünde durch die Liebe von Jesus und seinen Opfertod am Kreuz aus der Welt geschafft, und der Himmel wird allen zugänglich, die den Namen des Herrn anrufen (Römer 10,13). Damit wir sicher sein können, Zugang zu Gottes ewigem Reich zu haben und in der vollkommenen Freude und dem vollkommenen Frieden des Himmels leben zu können, müssen wir nur glauben, dass Jesus Gottes Sohn ist, dass er durch seinen Tod für uns die Sünde und durch seine Auferstehung aus dem Grab den Tod besiegt hat. Durch Jesus können wir ewiges Leben in Gottes Ge-

2. Wie ist der Himmel?

genwart haben, weil Jesus gesagt hat, dass wir dort sein sollen, wo er ist (Johannes 14,3).

Gottes Haus ist wunderbar – ein Zuhause, wohin uns weder Sünde noch Scham, weder Trauer noch Schmerz folgen können: ein Ort, wo die Liebe selbst regiert. Wenn schon die sündige Menschheit Liebe geben und annehmen kann, können wir uns nur ansatzweise vorstellen, welche Liebe von dem herkommt, der die Quelle der Liebe ist.

Denn Gott ist Liebe (1. Johannes 4,7-16), und alle sind eingeladen, Jesus kennenzulernen und Zutritt zu Gottes zeitlosem Reich der Liebe zu erhalten.

Gruppengespräch

Haben Sie bisher den Himmel als Gottes Haus betrachtet? Wie kann dieses Bild den Himmel für Sie persönlicher machen?

Warum, meinen Sie, hat Gott das Bild des Vaterhauses verwendet, um den Himmel zu beschreiben?

Wie beeinflusst die Erinnerung daran, dass Sie nach Gottes Bild erschaffen sind, Ihr Bild von sich selbst? Wie beeinflusst Sie das Bild, das Sie von Gott haben?

_____

_____

_____

Stellen Sie sich vor, wie es sein wird, im Himmel ohne Sünde und deren Folgen zu leben. Was für ein Gefühl wird es sein, ohne Versuchung zu leben? Ohne Scham? Ohne die zerstörerischen Konsequenzen, die Sünde immer mit sich bringt? An dem Ort, wo die Liebe selbst regiert?

_____

_____

_____

DVD Kapitel 2

Colton hat den Himmel ganz hautnah erlebt. Das gibt uns einen winzigen Eindruck davon, dass der Himmel ein realer Ort ist, und – was noch wichtiger ist – ein echtes Zuhause. Wir werden dort leben – wirklich und wahrhaftig leben, nicht nur als flüchtige Wesen existieren, die einfach an einem jenseitigen, nebelhaften Ort umherschweben. Besonders als Kinder stellen wir uns den Himmel vielleicht als einen Ort vor, an dem alle auf einer Wolke sitzen und die ganze Ewigkeit lang Harfe spielen. Doch weder die Bibel noch Coltons Erlebnis lassen etwas dergleichen vermuten. Wir werden im Himmel gut beschäftigt und glücklich dabei sein! Unser Leben dort wird von Sinn, Bedeutung und Zufriedenheit erfüllt sein. Wir werden in der ständigen Gegenwart unseres Vaters in seinem Haus die letzte Erfüllung finden und bei allem, was wir tun, absoluten Frieden und ungetrübte Freude haben – die ganze Ewigkeit lang.

Die Ewigkeit ist etwas, das unser begrenzter menschlicher Verstand nicht fassen kann. Gott und sein ewiges Reich existieren außerhalb der uns bekannten Grenzen; der Himmel ist ein Ort ohne Zeit. Gott ist nicht an die Grenzen von Zeit und Raum gebunden wie wir. Das hilft uns zu verstehen, wie Colton so viel in so kurzer Zeit erleben konnte. Auf seiner Reise hat er einen Ort jenseits unserer endlichen Zeit und unseres begrenzten Raumes besucht; daher sind unsere Stunden, Minuten und Sekunden schlichtweg nicht als Zeitmaß auf sein Erlebnis anzuwenden. So wie der Apostel Petrus sagte: »Ein Tag [ist] für den Herrn wie tausend Jahre ... und tausend Jahre wie ein Tag« (2. Petrus 3,8). Ob man nun diese Gleichung mathematisch auf die drei Minuten anwendet, die Colton nach eigener Aussage auf seiner Reise verbracht hat, oder nicht: Wenn man sich klarmacht, dass der Himmel in keiner Weise an unsere Uhr gebunden ist, ist es viel leichter zu akzeptieren, dass in einem so kurzen Abschnitt der irdischen Zeit so viel passiert ist.

Nicht nur Details des Himmels selbst zu beschreiben (wie Farben, Musik, Tiere oder Flügel), ist eine Herausforderung, sondern auch die Schilderung von Ereignissen, die sich außerhalb der Zeit abspielen. Colton konnte Ereignisse aus der irdischen Vergangenheit, Gegenwart und Zukunft sehen. Es ist zwar etwas beunruhigend, vom eigenen Sohn zu hören, dass man eines Tages im Auferstehungskörper Schlachten schlagen wird, doch es ist auch inspirierend zu wissen, dass wir eines Tages an einem Ort leben werden, an dem die Zeit kein Feind mehr ist – nicht einmal mehr eine unparteiische Beteiligte, die die Augenblicke unseres Lebens abhakt.

Durch Coltons Besuch im Himmel wurde die Bibel für unsere Familie noch anschaulicher und lebendiger, und wir hoffen, dass es Ihnen auch so gehen wird. Wir werden daran erinnert, dass wir nicht nur von Prinzipien und Geschichten in der Bibel reden, sondern von echten Menschen und einem realen, persönlichen Gott, der ein reales, persönliches Zuhause für uns vorbereitet hat. Wenn wir einen Regenbogen sehen, ist er also nicht nur eine schöne Erinnerung an eine Geschichte aus der Sonntagsschule. Vielmehr stellt er eine glaubwürdige Erinnerung daran dar, dass wir einen echten Gott haben, der seine Versprechen hält. Wenn wir in den Psalmen lesen, dass wir unter dem Schutz seiner Flügel sicher sind (Psalm 61,5), können wir gewiss sein, dass wir ihm uneingeschränkt vertrauen können. Wenn das Neue Testament von einem Frieden spricht, der größer ist als unser menschlicher Verstand es begreifen kann (Philipper 4,7), wissen wir, dass dies nicht nur schöne Worte sind: Es ist ein echter Frieden von Jesus, der uns auch in den schwersten Umständen aufrecht halten kann.

Wie wir bereits besprochen haben, existiert der Himmel in einem grenzenlosen Bereich jenseits von Zeit und Raum. Wir können von einem Ort, der so weit von unserer menschlichen Erfahrung entfernt ist, unmöglich alles wissen oder begreifen. Doch das Wenige, das wir wissen, lässt uns erkennen: Das Geheimnis des Himmels soll uns gespannt machen und ermutigen – nicht beängstigen oder einschüchtern. Wir müssen das Geheimnis nicht mit Angst betrachten, weil wir wissen: Jenseits davon wartet noch unglaublichere, schönere und unbeschreiblichere Freude auf uns, als wir uns vorstellen können.

Deshalb wollen wir nun in die Bibel schauen und noch mehr über den Himmel entdecken.

2. Wie ist der Himmel?

Bibelstellen

Matthäus 13,44-46
»Das Himmelreich ist wie ein Schatz, den ein Mann in einem Feld verborgen fand. In seiner Aufregung versteckte er ihn wieder und verkaufte alles, was er besaß, um genug Geld zu beschaffen, damit er das Feld kaufen konnte – und mit ihm den Schatz zu erwerben!

Das Himmelreich ist auch vergleichbar mit einem Perlenhändler, der nach kostbaren Perlen Ausschau hielt. Als er eine Perle von großem Wert entdeckte, verkaufte er alles, was er besaß, und kaufte die Perle!«

Offenbarung 7,16-17
»Sie werden nie wieder hungern oder Durst leiden, und sie werden vor der brennenden Sonne und jeder Gluthitze geschützt sein. Denn das Lamm, das in der Mitte auf dem Thron ist, wird ihr Hirte sein und für sie sorgen. Es wird sie zu den Quellen führen, aus denen das Wasser des Lebens strömt. Und Gott wird alle ihre Tränen abwischen.«

Offenbarung 21,1-5
»Dann sah ich einen neuen Himmel und eine neue Erde, denn der alte Himmel und die alte Erde waren verschwunden. Und auch das Meer war nicht mehr da. Und ich sah die heilige Stadt, das neue Jerusalem, von Gott aus dem Himmel herabkommen wie eine schöne Braut, die sich für ihren Bräutigam geschmückt hat.

Ich hörte eine laute Stimme vom Thron her rufen: ›Siehe, die Wohnung Gottes ist nun bei den Menschen! Er wird bei ihnen wohnen und sie werden sein Volk sein und Gott selbst wird bei ihnen sein. Er wird alle ihre Tränen abwischen, und es wird keinen Tod und keine Trauer und kein Weinen und keinen Schmerz mehr geben. Denn die erste Welt mit ihrem ganzen Unheil ist für immer vergangen.‹ Und der, der auf dem Thron saß, sagte: ›Ja, ich mache alles neu!‹ Und dann sagte er zu mir: ›Schreib es auf, denn was ich dir sage, ist zuverlässig und wahr!‹«

Den Himmel gibt's echt

Offenbarung 21,10-11

»*Da nahm er mich im Geist auf einen großen, hohen Berg und zeigte mir die heilige Stadt, Jerusalem, die von Gott aus dem Himmel herabkam. Sie war ganz von der Herrlichkeit Gottes erfüllt und funkelte wie ein kostbarer Edelstein, kristallklar wie Jaspis.*«

Offenbarung 21,18-24

»*Die Mauer bestand aus Jaspis, und die Stadt war reines Gold, so klar wie Glas. Die Mauer der Stadt war auf zwölf Grundsteinen erbaut, die mit zwölf Edelsteinen geschmückt waren: Der erste war ein Jaspis, der zweite ein Saphir, der dritte ein Chalzedon, der vierte ein Smaragd, der fünfte ein Sardonyx, der sechste ein Karneol, der siebte ein Chrysolith, der achte ein Beryll, der neunte ein Topas, der zehnte ein Chrysopras, der elfte ein Hyazinth, der zwölfte ein Amethyst.*

Die zwölf Tore bestanden aus zwölf Perlen – jedes Tor aus einer einzigen Perle! Und die Hauptstraße war reines Gold, so klar wie Glas.

Kein Tempel war in der Stadt zu sehen, denn der Herr, Gott, der Allmächtige, und das Lamm sind ihr Tempel. Und die Stadt braucht keine Sonne und keinen Mond, damit es in ihr hell wird, denn die Herrlichkeit Gottes erleuchtet die Stadt, und das Lamm ist ihr Licht. Die Völker der Erde werden in ihrem Licht leben, und die Könige der Welt werden kommen und ihre Herrlichkeit in die Stadt bringen.«

Gruppengespräch

Jesus verwendete oft Gleichnisse (kurze sinnbildliche Geschichten), um Gottes Reich zu beschreiben. Der Himmel ist die höchste Erfüllung von Gottes Reich; somit legen die Gleichnisse in Matthäus 13 nahe, dass der Himmel ein Schatz ist, der sich mit nichts, was wir auf dieser Erde haben oder kennen können, vergleichen lässt.

2. Wie ist der Himmel?

Was von dem, was Jesus uns über den Himmel sagt, gefällt Ihnen am besten? Warum sind Ihnen diese Dinge besonders wichtig?

In Römer 14,17 heißt es, dass Gottes Reich ein Ort ist, an dem Gerechtigkeit, Frieden und Freude wohnen. Welche Erfahrungen fallen Ihnen ein, wenn Sie über das Wort Freude nachdenken?

Beschreiben Sie eine Situation, in der Sie sich besonders zufrieden und voller Frieden gefühlt haben. Was zeigt Ihnen diese Erfahrung über den vollkommenen Frieden, den Gott gibt (siehe Jesaja 26,3)? Inwiefern ist es ermutigend zu wissen, dass Sie diesen Frieden eines Tages für alle Ewigkeit erleben können?

Wir haben bereits darüber gesprochen, dass Gottes Gegenwart den Himmel zum Himmel macht. Coltons Lieblingsplatz im Himmel war Gottes Thronsaal. Offenbarung 21,3 macht deutlich, dass wir als Christen alle eines Tages Gottes majestätische, liebevolle Gegenwart erleben werden. Beschreiben Sie eine Situation, in der Sie sich Gott besonders nahe fühlten. Inwiefern hilft Ihnen dieses Erlebnis, sich vorzustellen, wie es sein wird, Gottes Gegenwart im Himmel ungestört und für alle Ewigkeit zu erleben?

_____

_____

_____

Beschreiben Sie etwas, das Sie in einem Zustand der Verwüstung oder des Verfalls gesehen haben. Was haben Sie bei diesem Anblick gedacht oder gefühlt? Gab es eine Zeit in Ihrem Leben, in der Sie die lähmenden Folgen von Zerstörung oder Verzweiflung gespürt haben? Offenbarung 21,5 sagt uns, dass Gott alles neu machen wird. Der Himmel wird ein Ort des ewigen Neu-Seins sein – was unsere Umgebung, aber auch, was uns selbst betrifft. Spricht diese Wahrheit in die Zerbrochenheit hinein, der Sie in Ihrer Welt oder Ihrem eigenen Leben begegnet sind? Inwiefern?

_____

_____

_____

_____

2. Wie ist der Himmel?

Es heißt in Offenbarung 21, dass das Licht und die Stadt des Himmels so klar wie Kristall und Glas sind (Verse 11 und 18). Was, meinen Sie, hat diese Klarheit und Helligkeit zu bedeuten?

Was ist nach Offenbarung 21,23 die Quelle des Lichts im Himmel?

Welche Bereiche in Ihrem Leben müssen durch das Licht von Jesus erhellt und geklärt werden?

Wenn Sie die Frage beantworten müssten, wie der Himmel ist, was würden Sie – mit Ihren eigenen Worten – sagen?

 Gebet

Herr, wir danken dir, dass du für uns einen Weg geschaffen hast, deine Gegenwart jetzt und in Ewigkeit erleben zu können. Danke, dass du uns Lebenssinn und Frieden gegeben hast – jetzt schon auf dieser Erde, aber besonders auch den vollkommenen Frieden und die ewig bleibende Erfüllung, die im Himmel auf uns warten. Bitte hilf uns, alles wertzuschätzen, was wir schon jetzt über dein Haus wissen können, und im Glauben anzunehmen, was wir noch nicht wissen können. Hilf uns, deinem Wort zu glauben, dass du in deiner großen Liebe unvergleichliche Schätze für uns vorbereitet hast. Bitte hilf uns, in der weiteren Beschäftigung mit diesem Buch mehr über dich und dein Haus zu erkennen. Amen.

Zum Weiterdenken

Wenn wir darüber nachdenken und zu beschreiben versuchen, wie der Himmel ist, stehen wir oft in der Versuchung, in Details oder Debatten stecken zu bleiben. Details oder gesunde Diskussionen sind an sich nichts Schlechtes, doch manchmal sehen wir den Wald vor Bäumen nicht, wenn wir etwas allzu kompliziert machen.

2. Wie ist der Himmel?

Vielleicht ist dies einer der Gründe, warum Coltons Geschichte so großen Anklang bei so vielen Menschen gefunden hat. Wir erleben sie durch seine Augen – die Augen eines Kindergartenkindes – und seinen reinen, kindlichen Glauben mit. Er sah, was er sah, und darum will er einfach den Menschen erzählen, dass Gott sie wirklich »ganz doll lieb« hat.

Im Video erwähnt Sonja eine bestimmte Bibelstelle, die ihr durch Coltons Erlebnis besonders anschaulich geworden ist. Lassen Sie uns einen genaueren Blick auf diesen Abschnitt werfen.

Zum persönlichen Nachdenken

Lesen Sie Markus 10,13-16.

Kindlicher Glaube, das ist keine komplizierte Formel: Gott als sein Kind glauben, lieben und ihm folgen, ihm wie ein Kind vertrauen und ihn anbeten, ohne Hintergedanken oder Beschämung. Wir erleben Gottes Reich heute und in Ewigkeit, indem wir die Arme zu unserem Vater ausstrecken und um seine liebevolle Umarmung bitten – ganz gleich, wie alt wir sind.

Das soll nicht heißen, dass wir uns nicht eingehend mit der Bibel befassen und über sie nachdenken sollten, um mehr über Gott und das Leben im Glauben zu lernen. Wir sind dazu berufen, Gott von ganzem Herzen, von ganzer Seele, mit all unseren Gedanken und all unserer Kraft zu lieben (Markus 12,30). In Glaubensangelegenheiten hat unser Verstand also seinen Platz. Es ist gesund, sich mit den Wahrheiten von Gottes Reich zu befassen und über sie zu sprechen. Doch wir haben nur einen begrenzten Verstand, und unsere Herzen können getäuscht werden. Letztendlich ist es tröstlich zu wissen, dass wir Gottes Wort einfach glauben dürfen. Wir können uns voll und ganz auf ihn verlassen und auf das, was er versprochen hat, und mit kindlichem Glauben auf seine Liebe antworten. Wenn wir einen Regenbogen sehen, können wir uns erinnern lassen, dass Gott derjenige ist, der immer seine Versprechen hält. Wir können darauf vertrauen, dass es den Himmel wirklich gibt, weil unser himmlischer Vater es uns gesagt hat. Wir können von Gott erwarten, dass er seine Versprechen hält, weil wir seinen Charakter durch sein offenbartes Wort, die Bibel, kennenlernen können. Wir können zuversichtlich glauben, dass wir ihn schon jetzt kennen können (Jeremia 29,13-14) und dass wir ihn im Himmel noch besser kennenlernen werden (1. Korinther 13,12). Jesus ist heute bei uns (Matthäus 18,20; 28,20) und wir können die größte Freude überhaupt erleben: ewig in der Gegenwart unseres Vaters zu leben (Offenbarung 21,3).

Nachdenkenswerte Fragen

Warum war es Jesus so wichtig, dass man die Kinder zu ihm kommen ließ?

Wie würden Sie *kindlichen Glauben* definieren?

2. Wie ist der Himmel?

Wie können Sie zur Ausgewogenheit zwischen ernsthaftem Bibelstudium und kindlichem Glauben finden?

Was fällt Ihnen am kindlichen Glauben am schwersten? Was fällt Ihnen am schwersten, wenn Sie Ausgewogenheit suchen zwischen kindlichem Glauben und der Liebe zu Gott mit dem ganzen Verstand?

Was können Sie unternehmen, um diese Schwierigkeiten zu überwinden?

Haben Sie, bevor Sie angefangen haben, sich mit diesem Buch zu beschäftigen, jemals über Regenbogen nachgedacht? Woran werden Sie ab jetzt denken, wenn Sie einen Regenbogen sehen? Welche anderen Zeichen von Gottes Liebe und Treue fallen Ihnen in der Sie umgebenden Welt auf?

Jesus ist Gottes Sohn. Er kam, um an Ihrer Stelle zu sterben und Sie von Sünde und Tod zu befreien. Nehmen Sie sich Zeit, um sich mit Johannes 3,16 und Römer 10,9-13 zu beschäftigen. Wenn Sie Jesus noch nicht als Ihren persönlichen Retter kennen, dann möchten wir Ihnen ans Herz legen, das Gebet im nächsten Abschnitt zu beten. Jesus starb für alle Menschen, und noch wichtiger: Er starb für *Sie*.

2. Wie ist der Himmel?

Weitere Notizen

Ganz praktisch

Lesen Sie Johannes 14,1-3.
- Jesus bezeichnete den Himmel als das Haus seines Vaters. Der Himmel wird ein vollkommener Ort sein. Wie stellen Sie sich Gottes himmlische Haus vor? Wodurch wird es vollkommen sein?
- Jesus sagte, dass er im Haus seines Vaters einen Platz für uns vorbereitet. Warum, meinen Sie, bereitet er ihn für uns vor? Worin bestehen wohl diese Vorbereitungen?
Lesen Sie Offenbarung 7,16-17.
- Können Sie sich vorstellen, nie wieder hungrig oder durstig zu sein? Warum, glauben Sie, werden wir diese Empfindungen im Himmel nicht haben?
- Was macht Sie traurig? Wie wird es wohl sein, nie wieder traurig über etwas zu sein?
- Was, meinen Sie, bedeutet es, dass Gott alle Tränen abwischen wird?
- Wie stellen Sie sich die »Quellen, aus denen das Wasser des Lebens strömt« vor?
- Ist der Himmel ein Ort, an den Sie gelangen möchten, wenn es an der Zeit ist? Wie können Sie dorthin kommen?
Lesen Sie Johannes 3,16 und Römer 10,9-13.
- Was bedeuten diese Verse Ihrer Meinung nach?

Wenn Sie Jesus kennenlernen wollen, können Sie das folgende Gebet beten. Er wird Sie hören und antworten. Wenn Sie es von ganzem Herzen beten, wird Jesus Ihr persönlicher Retter. Er wird Ihnen helfen, Ihr Leben so zu führen, wie es Gott gefällt, und eines Tages können Sie für immer bei ihm in Gottes wunderbarem Haus leben.

✝ Jesus als Herrn und Retter annehmen – ein Gebet

Vater, ich glaube. Ich glaube, dass du Jesus gesandt hast, um für mich zu sterben und mir ewiges Leben in deinem Reich zu geben. Bitte vergib mir, was ich falsch gemacht habe und immer noch falsch mache. Hilf mir, so zu leben, wie es dir gefällt. Ich möchte dein Kind sein, und ich möchte heute in deinem Reich leben und in alle Ewigkeit bei dir sein. Bitte nimm mich in dein Reich auf und schenk mir neues Leben in dir. Jesus, bitte sei der Herr meines Leben und bring mir bei, als treues Kind Gottes zu leben. Amen.

Familiengebet

Jesus, vielen Dank, dass du unser Zuhause im Himmel, im Haus deines Vaters, vorbereitest. Danke, dass du uns so sehr liebst, dass du zurückkommen wirst, um uns in das Zuhause zu holen, das du für uns vorbereitest. Bis dahin hilf uns bitte, hier auf der Erde so gut für dich zu leben, wie wir es können. Hilf uns, dich zu lieben und anderen von deiner Liebe zu erzählen. Herr, wir bitten dich, dass du uns die richtigen Worte schenkst, um anderen zu helfen, dich kennenzulernen, damit auch sie im Haus deines Vaters leben können. Amen.

Kapitel 3
Wann kommt man in den Himmel?

Der Himmel ist der Ort, an den man kommt, wenn man als an Jesus gläubiger Mensch stirbt – oder? Das hatte ich jedenfalls immer so geglaubt und akzeptiert. Doch als Colton den Himmel erlebte, war er nicht tot. Das verwirrte mich zunächst, bis ich mich an Paulus' Worte erinnerte: »Ich kenne einen Menschen in Christus, … der wurde entrückt in das Paradies« (2. Korinther 12, 2-4; Luther).

In der Zeit seit Coltons Rückkehr zu uns habe ich oft über sein Erlebnis nachgedacht und über die Wirklichkeit des Himmels gestaunt. Die Erkenntnis, dass er jetzt existiert, in einem anderen Bereich, und dass er ein realer Ort ist, stellt eine große Hoffnung und Ermutigung für unsere Familie dar, ebenso wie für viele andere, die durch unser Buch an unseren Erfahrungen Anteil genommen haben.

Colton macht kein Geheimnis aus seinem Wunsch, dorthin zurückzukehren. Doch zwischen jetzt und dem Moment, in dem er seine Rückreise antritt, gibt es für ihn und uns noch viel Leben zu leben. Obwohl wir fest vorhaben, für unseren Herrn zu leben und alles zu tun, was er uns hier aufträgt, spüren wir alle eine magnetische Anziehungskraft zu unserem ewigen Zuhause hin. Es ist schwer, sich vorzustellen, dass jemand nicht den Wunsch haben könnte, in Gottes Reich zu leben – in seiner Gegenwart zu sein und die Freude zu erfahren, die nur sein Reich bringen kann.

Obwohl wir uns nach dem zukünftigen Himmel sehnen, ist Gottes Reich schon heute ganz real für uns zugänglich, denn es existiert sowohl »jetzt« als auch »noch nicht«. Eines Tages werden wir in Gottes Reich kommen, das »nicht von dieser Welt« ist (Johannes 18,36). Doch gleichzeitig können diejenigen, die Jesus als ihren Retter und Herrn kennen, Gottes Reich schon hier auf dieser Erde erleben, denn Christus regiert in ihrem Leben, erfüllt ihre Herzen, und seine Kraft wirkt durch sie. Jesus sagte: »Das Reich Gottes ist mitten unter euch« (Lukas 17,21). An anderer Stelle heißt es, dass Jesus selbst in den Herzen der Menschen wohnt, die an ihn glauben (Johannes 17,23). Der Geist Gottes wurde uns geschenkt (1. Korinther 6,19) und wir sind dazu berufen, Gottes Reich in dieser Welt auszuleben. Römer 14,17 sagt uns, Gottes Reich ist »ein Leben ... in Gerechtigkeit und Frieden und in der Freude im Heiligen Geist«.

Jesus lehrte uns zu beten: »Dein Reich komme, dein Wille geschehe wie im Himmel so auf Erden« (Matthäus 6,10, Luther). Um uns dazu zu befähigen, schon heute als Kinder seines Reiches zu leben und seinen Willen in dieser Welt zu tun, schickte Gott den Heiligen Geist. Dieser bewirkt Liebe, Freude, Frieden, Geduld, Freundlichkeit, Güte, Treue, Sanftmut und Selbstbeherrschung (Galater 5,22-23). Das sind Eigenschaften von Gottes eigenem Wesen, die in unserem Leben zur Auswirkung kommen. Durch sie, durch uns, ist Gottes Reich schon hier und jetzt in dieser Welt. Gott gebraucht uns, um anderen den Weg zu zeigen, damit auch sie die Wirklichkeit seines ewigen Reiches kennenlernen und die gute Nachricht weitersagen, dass es den Himmel wirklich gibt.

3. Wann kommt man in den Himmel?

Gruppengespräch

Was genau ist Ihrem Verständnis nach das Reich Gottes?

Was für ein Gefühl lösen die Worte von Jesus bei Ihnen aus: »Das Reich Gottes ist mitten unter euch« (Lukas 17,21), und seine Aussage, dass er in den Herzen der Menschen wohnt, die ihn lieben (Johannes 17,23)?

Lebt Gottes Reich durch Sie? Warum oder warum nicht?

Erklären Sie mit Ihren eigenen Worten, was es bedeutet, dass Gottes Reich sowohl »jetzt« als auch »noch nicht« ist.

DVD Kapitel 3: Einführung

In einer Welt, der es mehr um Religion als um Glauben geht, erliegen wir oft der falschen Vorstellung, dass wir uns das Recht, in den Himmel zu kommen, verdienen müssen. Das ist eine gefährliche und zutiefst fehlerhafte Denkweise. In Psalm 14,2-3 sprach David deutlich von unserer Fähigkeit, gut genug zu sein, um uns den Zugang zu Gottes Reich zu verdienen:

»Der Herr sieht vom Himmel herab auf die Menschen, um zu sehen, ob es wenigstens einen einzigen gibt, der klug ist und nach Gott fragt. Aber sie haben sich alle von Gott abgewandt und sind nun alle verdorben. Es gibt keinen, der Gutes tut, nicht einmal einen!«

Wenn wir ehrlich zu uns selbst sind, werden wir eingestehen, dass wir unfähig sind, wahrhaft »gut« zu sein. Keiner weiß besser als wir selbst, wie sündig wir in unseren Gedanken und unserer Einstellung sein können. Doch Gott hat durch seinen Sohn Barmherzigkeit und Gnade im Überfluss geschenkt. Durch seinen Tod hat Jesus uns einen Weg eröffnet, völlige Vergebung für unsere Sünde zu erhalten, sodass wir auch in Gottes Augen gerecht (in der richtigen Position) sein können. Jesus hat unsere Freiheit mit seinem Blut erkauft, unsere Beziehung zu unserem Vater wiederhergestellt und dafür gesorgt, dass wir wieder einen ewigen Lohn erhalten können. Wir müssen nur umkehren und Buße tun, annehmen und glauben (Römer 3,21-26).

Alle von uns, selbst die, die Jesus als ihren Retter angenommen haben, kämpfen mit ihrem sündigen Handeln und ihrer sündigen Haltung (1. Johannes 1,8-9). So wie ich, als Coltons Leben in Gefahr war, können wir alle von Wut und Angst überwältigt werden. Es kann sogar sein, dass wir Gott anklagen und ihm respektlos und geringschätzig begegnen. Doch Gott ist nicht überrascht über unsere Handlungen oder Worte; er lässt sich von unserer Wut nicht beeindrucken und unsere Angst erschreckt ihn nicht. Gott weiß genau, was in unserem Herzen und unseren Gedanken ist, noch bevor wir sprechen; er weiß, dass wir zu einem sündlosen Leben unfähig sind (Römer 7,14-25). Und Gott wünscht sich, dass wir vor ihm ehrlich und transparent sind. Ohne Aufrichtigkeit vor Gott und die Bereitschaft, unsere Sünde zu bekennen, können wir seine Vergebung nicht empfangen. Wenn wir nicht ehrlich und bereitwillig unsere Not eingestehen, werden wir nicht das Leben im Überfluss haben, mit dem Gott uns so gern reichlich beschenken möchte.

Das Leben kann uns lehren zu vermeiden, unser tiefstes Ich offenzulegen. Wir fürchten Ablehnung durch andere, und darum erlauben wir ihnen nie, die Teile von uns zu sehen, die sie abstoßen könnten. Doch Gott sieht und kennt unser Herz, noch bevor wir ihm eine Stimme verleihen – und doch liebt er uns und vergibt uns inmitten unserer hässlichen Wirklichkeit.

Gruppengespräch

Gab es in Ihrem Leben schon Situationen, in denen Sie negative Gefühle Gott gegenüber hatten? Wenn Sie können, sprechen Sie über Ihre Erfahrungen.

_____

_____

_____

Lesen Sie Psalm 139,23-24. Was ist Ihre Reaktion? Was ist es für ein Gefühl, sein Leben vor Gott offenzulegen?

_____

_____

_____

Sind Sie zuversichtlich, dass Sie eines Tages in Gottes Haus leben werden – dass der Himmel Ihr ewiges Zuhause sein wird? Warum oder warum nicht?

_____

_____

_____

_____

Wenn Sie sich immer noch unsicher sind, ob Sie eines Tages bei Gott im Himmel leben werden, hat die Bibel einen hilfreichen Rat für Sie: »Wenn du mit deinem Mund bekennst, dass Jesus der Herr ist, und wenn du in deinem Herzen glaubst, dass Gott ihn von den Toten auferweckt hat, wirst du gerettet werden. ... Denn ›jeder, der den Namen des Herrn anruft, wird gerettet werden‹« (Römer 10,9.13).

Wollen Sie sich so an ihn wenden? Wenn ja, dann beten Sie das Gebet am Ende von Kapitel 2.

DVD Kapitel 3

Jesus sagte: »Hier auf der Erde werdet ihr viel Schweres erleben. Aber habt Mut, denn ich habe die Welt überwunden« (Johannes 16,33). Er sagte nicht, wir würden vielleicht Probleme haben und Kummer erleben, sondern er sagte, dass schwere Zeiten kommen werden. Denn wir leben auf einem Schlachtfeld – um uns herum tobt ein Krieg zwischen Gut und Böse. Wir haben einen Feind, der uns zerstören will, nur weil Gott uns liebt (1. Petrus 5,8). Satan wird vor nichts haltmachen, um zu versuchen, die Menschen, die zu Gott gehören, zu besiegen; oder zu verhindern, dass diejenigen, die Gott nicht kennen, seine Liebe und Rettung finden.

Als Coltons Zustand sich immer weiter verschlechterte und er reglos, erschöpft und mit einem sich selbst vergiftenden Körper im Bett lag, war ich verzweifelt. Ich war wütend auf Gott, und die Wurzel dieser Wut war pure, kalte, entsetzliche Angst. Ich konnte nicht akzeptieren, dass mein Sohn im Sterben lag und ich ihm nicht helfen konnte. Also schrie ich in wütender Verzweiflung und äußerster Angst zu Gott.

Jesus sagte uns oft, dass wir uns nicht fürchten sollen (Matthäus 10,26.28.31; Lukas 12,4.32; Offenbarung 1,17). Wenn die Angst uns überwältigt, beginnt sie, unser Herz und unsere Gedanken zu regieren. Wir können an nichts anderes mehr denken als an das negative Was-wäre-wenn, das morgen oder in der nächsten Minute auf uns zukommen könnte. Statt mit Vertrauen ist unser Herz mit Furcht erfüllt. Statt zu hoffen, stecken wir in Hoffnungslosigkeit fest. Wenn wir uns von der Angst beherrschen lassen, haben wir aufgehört, im Glauben zu handeln. Glaube hofft; Glaube glaubt; Glaube vertraut auf Gott. Angst leugnet Gottes Liebe.

Selbst in meinem angsterfüllten Zorn war mir meine Hilflosigkeit bewusst. Wie die Jünger, die, als Jesus sie fragte, ob sie ihn auch verlassen würden, antworteten: »Herr, zu wem sollten wir gehen? Nur du hast Worte, die ewiges Leben schenken« (Johannes 6,68), wusste ich, dass nur er meinem Sohn und meiner Familie helfen konnte. Nur er konnte das Leben wiederherstellen, Trost bringen und Colton heilen. Also wandte ich mich in meiner ganzen hässlichen Menschlichkeit an ihn. Und er hörte mein Gebet!

Manchmal beantwortet Gott Gebete so, wie wir es wünschen, und manchmal nicht. Vielleicht verstehen wir die Gründe für Gottes Handeln oder Nichthandeln nicht, doch wir müssen im Glauben leben (siehe 2. Korinther 5,7-8), selbst wenn unser Leben auseinanderzubrechen scheint und unser Herz in Scherben zu unseren Füßen liegt. Wir müssen an den Punkt kommen, an dem wir mit Hiob sagen können: »Gewiss wird Gott mich töten, dennoch vertraue ich auf ihn« (Hiob 13,15, Hfa).

Wenn unsere Welt unter uns zusammenbricht, können wir nur an der Liebe unseres Vaters und seinem Versprechen, ewig bei ihm leben zu dürfen, festhalten. Auch wenn Schwierigkeiten und Sorgen in dieser Welt unausweichlich sind, können wir die starke Gegenwart von Gottes Reich, das schon heute mitten unter uns ist, erleben (Johannes 16,33) – und in der Zukunft werden wir mit ihm an einem Ort leben, zu dem die Sünde keinen Zutritt hat und wo immer die Liebe regieren wird.

3. Wann kommt man in den Himmel?

Bibelstellen

Jesaja 41,10
»Fürchte dich nicht, denn ich bin bei dir. Sieh dich nicht ängstlich nach Hilfe um, denn ich bin dein Gott: Meine Entscheidung für dich steht fest, ich helfe dir. Ich unterstütze dich, indem ich mit meiner siegreichen Hand Gerechtigkeit übe.«

Jesaja 43,1–4
Doch nun spricht der Herr, der dich, Jakob, geschaffen hat und der dich, Israel, gebildet hat: »Hab keine Angst, ich habe dich erlöst. Ich habe dich bei deinem Namen gerufen; du gehörst mir. Wenn du durch Wasser gehst, werde ich bei dir sein. Ströme sollen dich nicht überfluten! Wenn du durch Feuer gehst, wirst du nicht verbrennen; die Flammen werden dich nicht verzehren! Denn ich bin der Herr, dein Gott, der Heilige Israels, dein Heiland. … Weil du in meinen Augen kostbar bist und wertvoll und weil ich dich liebe, …«

Johannes 16,33
»Ich habe euch das alles gesagt, damit ihr in mir Frieden habt. Hier auf der Erde werdet ihr viel Schweres erleben. Aber habt Mut, denn ich habe die Welt überwunden.«

2. Timotheus 1,7
»Denn Gott hat uns nicht einen Geist der Furcht gegeben, sondern einen Geist der Kraft, der Liebe und der Besonnenheit.«

Hebräer 11,1.6
»Was ist nun also der Glaube? Er ist das Vertrauen darauf, dass das, was wir hoffen, sich erfüllen wird, und die Überzeugung, dass das, was man nicht sieht, existiert. … Ihr seht also, dass es unmöglich ist, ohne Glauben Gott zu gefallen.«

Gruppengespräch

Sind Sie in schweren Zeiten schon einmal vor Gott weggelaufen? Wenn ja, warum, und was war das Ergebnis?

In Jesaja 43 heißt es, »*Wenn* du durch Wasser gehst ...« und »*Wenn* du durch Feuer gehst ...« – nicht *falls*. Was denken Sie darüber, dass das Leben wahrscheinlich noch mehr Schwierigkeiten für Sie bereithält?

Was können Sie unternehmen, um zukünftigen Prüfungszeiten mit Glauben und nicht mit Angst zu begegnen?

3. Wann kommt man in den Himmel?

Welchen Stellenwert nimmt Ihrer Meinung nach Demut in einem Leben im Glauben ein?

Gebet ist ein Akt des Glaubens und der Demut. Welche Gedanken kommen Ihnen zu dieser Aussage? Tauschen Sie sich darüber aus.

Distanzieren Sie sich in schweren Zeiten von anderen? Distanzieren Sie sich von Gott? Was hat das für Folgen?

Wie kann die Gemeinde, der Leib Christi, in schwierigen Zeiten helfen?

Haben Sie etwas aus Ihrem Leben zu berichten, das andere im Glauben ermutigt? Wollen Sie etwas davon gleich jetzt erzählen?

Inwieweit hat dieses Kapitel Ihre Sicht auf das Reich Gottes verändert?

3. Wann kommt man in den Himmel?

Welche Gedanken haben Sie jetzt im Hinblick darauf, dass Gottes Reich sowohl schon *jetzt* als auch *noch nicht* da ist?

_____

_____

_____

_____

Haben Sie jetzt Gewissheit, dass der Himmel Ihr ewiges Zuhause sein wird? Warum oder warum nicht?

_____

_____

_____

_____

 Gebet

Vater, wir loben dich für deine grenzenlose Liebe. Danke, dass du deinen Sohn gesandt hast, um für uns zu sterben, damit wir jetzt schon in deinem Reich leben können und uns in Ewigkeit an deiner Gegenwart freuen dürfen. Hilf uns, ein Leben im Glauben einzuüben, und dir auch dann zu vertrauen, wenn das Leben Schmerz, Krankheit und Verlust bringt. Herr, gebrauche jeden von uns, um andere zu ermutigen und zu stärken. Lehre uns, dein Reich auf dieser Erde auszuleben. Amen.

Zum Weiterdenken

Es ist wichtig zu erkennen, dass wir, wenn wir schwere Zeiten erleben, nicht allein sind. Jesus sagte: »Ich bin immer bei euch« (Matthäus 28,20). Und wir haben Gottes Versprechen: »Ich werde dich nie verlassen und dich nicht im Stich lassen« (Hebräer 13,5).

Zum persönlichen Nachdenken

Lesen Sie Sprüche 3,5; Psalm 4,4-5; Psalm 9,10-11; Psalm 18,30-31; Psalm 42,6; Psalm 62,6-9; 1. Johannes 4,16; 1. Korinther 2,9; Jeremia 29,11-12.

Ein Jahr lang machte meine Familie eine Prüfung nach der anderen durch. Wir stellten die gleichen Fragen und waren genauso frustriert wie jeder andere es in einer solchen Situation wäre. Wir sind nicht heiliger oder weniger menschlich als jeder, der dieses Buch liest. Das einzige Fundament, auf dem wir in jenen schweren Tagen fest stehen konnten, war Jesus und unser starker Glaube an seine grenzenlose, unerschütterliche Liebe.

Bevor wir Gott auch in den Schwierigkeiten vertrauen können, die uns das Herz brechen und unser Leben aus der Bahn werfen, müssen wir wissen, dass er uns liebt. Ohne dieses feste Wissen können wir seinem Plan für unser Leben nicht vertrauen, wenn dieser Plan uns durch Schmerzen und Kummer führt.

Wir werden oft gefragt, warum Gott entschieden hat, unsere Gebete zu erhören und Coltons Leben zu verschonen, aber auf ähnliche Gebete anderer Menschen nicht auf die gleiche Weise geantwortet hat. Darauf kann ich nur sagen, dass Gott die Fäden immer fest in der Hand hat und wir darauf vertrauen können, dass er nur so handelt, wie es am besten ist.

Gott hat Colton nicht zu uns zurückgeschickt, weil wir so heilig oder geistlich überlegen wären – er hat ihn zurückgeschickt, weil er Liebe ist. Was so schwer zu verstehen ist, ist die Tatsache,

3. Wann kommt man in den Himmel?

dass, selbst wenn Gott Colton im Himmel behalten hätte, auch das ein Akt seiner Liebe gewesen wäre. Gott kann mit keiner anderen Motivation außer aus Liebe handeln, denn Gott ist Liebe. Er »hat« nicht einfach nur Liebe und er »gibt« nicht bloß Liebe, sondern Liebe ist das ureigenste Wesen Gottes.

Nachdenkenswerte Fragen

Glauben Sie fest an Gottes Liebe zu Ihnen? Wie wirkt sich dieser Glaube auf die Art und Weise aus, wie Sie den Prüfungen des Lebens begegnen?

Nach Psalm 56,9 ist Gott so tief bewegt, wenn seine Menschen leiden, dass er ihre Tränen in einem Buch festhält – er sammelt sie sogar in einem Gefäß! Welchen Einblick in Gottes Wesen gibt dieses Bild uns?

Jesus sagte: »Wer mich gesehen hat, hat den Vater gesehen« (Johannes 14,9). Welche Eigenschaften waren an Jesus während seines Lebens auf dieser Erde sichtbar, die Sie befähigen, Gott realistischer zu »sehen«?

_____

_____

_____

Nehmen Sie Ihre Lieblingsübersetzung der Bibel zur Hand und suchen Sie Stellen heraus, die Ihnen einen Einblick in Gottes Wesen geben. Listen Sie einige der Eigenschaften Gottes auf, die Sie dort finden.

_____

_____

_____

Welche Gründe haben Sie angesichts all der Eigenschaften Gottes, die Sie entdeckt haben, ihm zu vertrauen, selbst wenn das Leben wehtut und unverständlich ist?

_____

_____

_____

3. Wann kommt man in den Himmel?

Weitere Notizen

Ganz praktisch

- Wann kommt ein Mensch in den Himmel?
- Wir können unser Leben hier auf der Erde so führen, dass andere daran erkennen, wie der Himmel sein wird. Nennen Sie einige Dinge, die Sie tun können, um anderen zu helfen zu verstehen, wie wunderbar der Himmel einmal sein wird.
- Wie, meinen Sie, ist Gott?
- Warum sollten wir zu Gott beten?
- Haben Sie manchmal Angst? Wie kann Gott Ihnen durch diese Situationen hindurchhelfen?
- In der Bibel sagt Jesus, dass er kam, um uns zu zeigen, wie Gott ist. Was an Jesus hilft Ihnen, Gott zu verstehen?
- Ist es wichtig, Gott zu vertrauen, selbst wenn schwere oder traurige Dinge passieren und Sie das nicht verstehen? Warum, meinen Sie, ist es wichtig, Gott zu vertrauen?
- Die Bibel sagt: »Gott ist Liebe« (1. Johannes 4,16). Was bedeutet Ihnen das?

Familiengebet

Vater Gott, wir danken dir für diese gemeinsame Zeit, in der wir etwas über dich lernen können. Hilf unserem Glauben zu wachsen und lehre uns, dir jederzeit zu vertrauen. Wir danken dir für Jesus und für die Liebe, die du zu uns hast. Hilf uns, unser Leben so zu führen, dass andere sehen können, wie sehr du sie liebst. Gib uns die richtigen Worte und Gelegenheiten, anderen von dir und dem wunderbaren Reich, in dem du lebst, zu erzählen. Wir möchten dir Freude machen. Hilf uns, wirklich zu verstehen, was das bedeutet. Amen.

☁ Kapitel 4 ☁
Wo ist der Himmel?

Die Bibel sagt, Jesus »sitzt zur Rechten des Thrones der Majestät im Himmel« (Hebräer 8,1, Luther). Jesus ist genau dort, wo Colton ihn sah: In Gottes Thronsaal, an Gottes rechter Seite. Doch wo genau ist der »Thron der Majestät«? Wo ist Jesus jetzt, und wie folgen wir ihm? Wenn wir uns die Veränderungen an Jesus anschauen, die mit seiner Auferstehung eintraten, beginnen wir vielleicht, ein Bild dessen zu sehen, was wir erleben werden, wenn wir diese Welt hinter uns lassen und Jesus in unser ewiges Zuhause folgen.

Werfen wir einen Blick auf das, was wir aus Gottes Wort wissen.

Nach seiner Auferstehung blieb Jesus vierzig Tage lang bei seinen Jüngern (Apostelgeschichte 1,3). Während jener Zeit erschien er vielen seiner Nachfolger. Er aß mit ihnen, sprach mit ihnen und lehrte sie weiter, was sie über das Reich seines Vaters wissen mussten. Er hatte auch einen Körper, der ganz wie der aller anderen Menschen aussah – doch er war neu; er war anders. Wir wissen: Wie Jesus aussah, muss er sich irgendwie verändert haben, denn Maria Magdalena erkannte ihn erst, nachdem er ihren Namen gesagt hatte; und andere seiner Jünger verbrachten Stunden mit ihm, bevor sie merkten, wer er war. Er sah wie er selbst aus und doch anders. Wir wissen auch, dass er einige körperlich unmögliche Dinge tat: Er ging durch Wände (Johannes 20,19.26), erschien und verschwand ganz nach Belieben (Lukas 24,31) und trotzte der Schwerkraft (Apostelgeschichte 1,9)!

An seinem letzten Tag mit seinen Jüngern versprach Jesus, dass er immer bei ihnen sein und ihnen Kraft schenken würde, ihr Leben als seine Zeugen zu führen. Dann »wurde er aufgehoben« –

er stieg auf in die Luft und verschwand in den Wolken! Ein Engel sprach mit seinen erstaunten Jüngern und versprach ihnen, dass Jesus genau so zurückkommen würde (Apostelgeschichte 1,9-11).

Jesus stieg also in die Luft auf und wurde in den Himmel »aufgehoben« – doch wo genau ging er hin? Wo ist der Himmel?

Wenn wir über den Himmel als Ort nachdenken, denken wir sofort an eine Richtung: der Himmel ist oben. Er ist hoch über der Erde – doch wie hoch genau?

Wir haben bereits darüber gesprochen, dass Gott außerhalb von Raum und Zeit existiert. In diesem Daseinszustand ist »Ort« keine anwendbare Vorstellung, denn »Ort« hat mit »Raum« zu tun. Es könnte stattdessen passender sein, sich den Himmel als eine Welt jenseits von unserer vorzustellen. Ein Reich oder eine Dimension, die realer, lebhafter, überfließender und erfüllender ist, als unser begrenzter Verstand es begreifen kann. Eine höhere Welt, weit über unserem jetzigen Erfahrungshorizont.

In Jesaja 66,1 sagt Gott uns: »Der Himmel ist mein Thron und die Erde der Schemel für meine Füße.« In 1. Johannes 4,16 wird uns außerdem gesagt: »Gott ist Liebe.« Die Liebe thront im Königreich des Himmels. Und diese Liebe wird jedem, der sie annimmt, frei und ohne Vorbehalte gegeben. Ganz gleich, wo genau der Himmel ist: Gott liebt Sie und möchte, dass Sie ewig dort leben.

4. Wo ist der Himmel?

Gruppengespräch

Warum, meinen Sie, konnte Jesus Dinge tun, die für uns körperlich unmöglich sind?

Jesus stieg in die Luft auf und verschwand in den Wolken (Apostelgeschichte 11,9-11). Welchen Eindruck machte das wohl auf diejenigen, die Zeugen dieses Ereignisses wurden?

Was ist für Sie an dem Gedanken, dass es im Himmel weder Raum noch Zeit gibt, am schwierigsten zu fassen?

Gott schuf den Himmel als unser ewiges Zuhause; Jesus lud uns ein, dort für immer mit ihm zu leben. Welche Gefühle lösen diese Tatsachen bei Ihnen aus?

_____

_____

_____

_____

DVD Kapitel 4: Einführung

Monumente, Denkmäler, Statuen – in Washington, D.C., begegnen wir auf Schritt und Tritt den besten Versuchen der USA, ihre Nationalhelden zu ehren. Wenn wir Amerikaner das Machtzentrum der USA besuchen, sind wir umgeben von Erinnerungen daran, wie großartig unser Land ist. Wir werden erfüllt von Dankbarkeit und voller Demut angesichts der Opfer, die für uns gebracht wurden. Die Hauptstadt der USA ist wahrlich grandios, doch auch ihre größten Bemühungen um Pracht und Ruhm – so inspirierend sie auch sein mögen – füllen uns nicht aus; wir bleiben so leer wie ihre Marmorhallen. Nationalstolz kann ein Lebensstil sein, aber keinen Lebenssinn spenden.

Nur in der Beziehung zu unserem Schöpfer können wir Grund und Ziel finden. Nur durch das Opfer von Jesus Christus können wir die wahre Freiheit entdecken, nach der sich unser Herz sehnt.

4. Wo ist der Himmel?

Und nur in seiner Gegenwart können wir unsere wahre Identität erkennen, denn »in ihm leben, handeln und sind wir« (Apostelgeschichte 17,28). Er ist unsere Heimat!

Der Himmel ist der Ort, den Jesus für uns vorbereitet hat, damit wir dort in ihm für immer das Leben feiern. Denkmäler und Marmorhallen können nicht mithalten mit Straßen aus Gold und dem Thronsaal Gottes. Nichts auf dieser Erde lässt sich mit dem ewigen Zuhause vergleichen, das Jesus für diejenigen vorbereitet hat, die an ihn glauben!

Während wir Washington, D.C., leicht mit einer Straßenkarte oder einem Navigationssystem finden können, kann kein Navigationssystem dieser Erde uns die Koordinaten für den Himmel anzeigen. Doch Jesus sagte, dass diejenigen, die zu ihm gehören, bereits den Weg kennen. Er sagte sogar: »Ich bin der Weg« (Johannes 14,4-6). Jesus kam, um uns zu unserem himmlischen Vater zu führen und uns zu befähigen, ewiges Leben mit ihm in seinem Reich zu haben.

Doch wo ist Gottes Reich? Im Alten Testament, besonders in den Psalmen, lesen wir oft, dass Gott unser Schutz und unsere Zuflucht ist (Psalm 90,1; Psalm 91,9-10). Wo genau er sich befindet oder in welcher Dimension, können wir nicht wissen. Aber wir wissen, dass wir »in ihm« sind, dass wir tatsächlich in ihm bleiben, und dass er Liebe ist (1. Johannes 4,16). Wo auch immer der Himmel sich genau befindet, wir wissen, dass er im Zentrum von Gottes Liebe existiert.

Gruppengespräch

Haben Sie schon einmal ein Monument oder ein Denkmal besucht, das Sie besonders beeindruckt hat? Inwiefern?

_____

_____

_____

_____

Hat das tatsächliche Erlebnis Ihre Erwartungen erfüllt? Erklären Sie Ihre Antwort.

_____

_____

_____

_____

Verspüren Sie manchmal Vorfreude auf den Himmel? Wie äußert sie sich?

_____

_____

_____

4. Wo ist der Himmel?

Der Himmel ist eher eine Erfahrung als ein Ort. Können Sie dieser Aussage zustimmen? Was bedeutet Ihnen diese Aussage?

_____

_____

_____

Was meinte Jesus, als er sagte: »Ich bin der Weg« (Johannes 14,6)?

_____

_____

_____

DVD Kapitel 4

In der Bibel werden die Dinge Gottes oft als sich oben befindend beschrieben (Kolosser 3,1-2; Psalm 50,4; Psalm 144,7; Römer 10,6). Ob wir »oben« als erhöhte, räumliche Position verstehen sollen, darüber können wir nur spekulieren. Auch Colton kann nicht genau erklären, wo er sich befand, als er im Himmel war. Aber er erinnert sich, dass ein Engel ihn an den Wolken vorbei nach oben getragen hat.

So viele Aspekte von Coltons Reise lassen uns mit Maria fragen: »Wie kann das sein?« Und wir können nur Gabriels Antwort nachsprechen: »Bei Gott ist nichts unmöglich« (siehe Lukas 1,34.37). So viele Details der Ewigkeit sind uns in dieser Welt unklar. Doch eines Tages werden wir erkennen, wie wir erkannt sind, und all unsere Fragen werden beantwortet sein (1. Korinther 13,12). Für den Augenblick können wir die Wahrheit nur so annehmen, wie sie uns in Gottes Wort, der Bibel, gegeben ist.

Für unsere Familie hat Coltons Erfahrung viele Fragen aufgeworfen. Antworten und Wegweisung haben wir in der Bibel, unserer letzten Autorität, gesucht und gefunden. Im Folgenden wollen wir einige Fragen aufgreifen, denen wir begegnet sind, und die biblischen Antworten, die wir gefunden haben.

Flügel

In der Bibel wird an vielen Stellen eine Vielzahl von Geschöpfen mit Flügeln erwähnt, unter anderem Menschen. Zwei Beispiele:

Dann blickte ich auf und sah, wie zwei Frauen erschienen, deren Flügel vom Wind getragen wurden. Denn sie hatten Flügel, die wie Storchenflügel waren …
   Sacharja 5,9

Jedes dieser lebendigen Wesen hat sechs Flügel, die innen und außen voller Augen waren …
   Offenbarung 4,8

Colton sagt, dass wir alle im Himmel Flügel bekommen. Das scheint mir zwar eine unglaubliche Verbesserung zu sein, doch die Bibel erwähnt es nicht als Tatsache. Allerdings gibt es auch keine Bibelstelle, die dagegen spricht. Die Bibel schweigt zu dieser Frage.

Himmlische Körper

Colton sah nur junge Menschen im Himmel: Sein Urgroßvater (der im Alter von 61 Jahren starb, viele Jahre, bevor Colton geboren wurde) war ein junger Mann, ohne die Brille, die er auf der Erde trug. Allerdings schien Coltons ungeborene ältere Schwester in einem normalen, »irdischen« Tempo gealtert zu sein. Alter spielt ohnehin keine Rolle im Himmel, denn der Himmel existiert außerhalb von Raum und Zeit. Unser himmlisches »Alter« wird genau das richtige sein, so wie alles im Himmel perfekt sein wird. Der Bibel zufolge werden alle irdischen Unzulänglichkeiten und Schwächen aufhören, sobald wir unser himmlisches Zuhause betreten:

»Ich hörte eine laute Stimme vom Thron her rufen: ›Siehe, die Wohnung Gottes ist nun bei den Menschen! Er wird bei ihnen wohnen und sie werden sein Volk sein und Gott selbst wird bei ihnen sein. Er wird alle ihre Tränen abwischen, und es wird keinen Tod und keine Trauer und kein Weinen und keinen Schmerz mehr geben. Denn die erste Welt mit ihrem ganzen Unheil ist für immer vergangen.‹

Und der, der auf dem Thron saß, sagte: ›Ja, ich mache alles neu!‹ Und dann sagte er zu mir: ›Schreib es auf, denn was ich dir sage, ist zuverlässig und wahr!‹«
Offenbarung 21,3-5

»Genauso verhält es sich mit der Auferstehung der Toten. Unsere irdischen Körper sterben und verwesen, doch bei der Auferstehung werden sie unvergänglich sein und nicht mehr sterben. Jetzt sind unsere Körper nicht perfekt, aber wenn sie auferstehen werden, werden sie voller Herrlichkeit sein. Jetzt sind sie schwach, dann aber voller Kraft. Jetzt sind es natürliche menschliche Körper, aber wenn sie auferstehen, werden es geistliche Körper sein. Denn so wie es irdische Körper gibt, so gibt es auch geistliche. ...

Was ich damit sagen will, liebe Brüder, ist, dass Fleisch und Blut das Reich Gottes nicht erben können. Der vergängliche Körper, den wir jetzt haben, kann nicht ewig leben. ...

Das wird in einem kurzen Moment geschehen, in einem einzigen Au-

genblick, wenn die letzte Posaune ertönt. Beim Klang der Posaune werden die Toten mit einem unvergänglichen Körper auferstehen, und wir Lebenden werden verwandelt werden, sodass wir nie mehr sterben. Denn unser vergänglicher irdischer Körper muss in einen himmlischen Körper verwandelt werden, der nicht mehr sterben wird.«
   1. Korinther 15,42-44.50.52-53

»Meine lieben Freunde, wir sind schon jetzt die Kinder Gottes, und wie wir sein werden, wenn Christus wiederkommt, das können wir uns nicht einmal vorstellen. Aber wir wissen, dass wir bei seiner Wiederkehr sein werden wie er, denn wir werden ihn sehen, wie er wirklich ist.«
   1. Johannes 3,2

Himmlische »Zeit«

Wir haben bereits etwas über die Abwesenheit von Raum und Zeit im Himmel gesprochen. Diese Vorstellung ist unserem Erfahrungshorizont so fremd, dass sie nur schwer zu fassen ist, geschweige denn zu vermitteln. Colton sagt, er sei »drei Minuten lang« im Himmel gewesen, und doch erlebte er Dinge, die auf der Erde Wochen gedauert hätten. Wir wissen auch, dass es im Himmel keine Sonne und keinen Mond gibt: Gott ist dort das Licht. Es gibt nichts, anhand dessen man die Zeit messen könnte, denn es gibt dort keine Zeit.

»Und ihr sollt wissen, liebe Freunde, dass ein Tag für den Herrn wie tausend Jahre ist und tausend Jahre wie ein Tag.«
   2. Petrus 3,8

»Denn für dich sind tausend Jahre wie der gestern vergangene Tag, wie wenige Stunden nur!«
   Psalm 90,4

4. Wo ist der Himmel?

»Und die Stadt braucht keine Sonne und keinen Mond, damit es in ihr hell wird, denn die Herrlichkeit Gottes erleuchtet die Stadt, und das Lamm ist ihr Licht.«
   Offenbarung 21,23

»Und es wird dort keine Nacht mehr geben – man wird weder Lampen noch das Licht der Sonne brauchen –, weil der Herr, Gott, über ihnen leuchten wird. Und sie werden für immer und ewig herrschen.«
   Offenbarung 22,5

Lesen Sie auch 1. Mose 1.

»Marker«

Für unsere Familie hat Coltons Erfahrung viele Fragen aufgeworfen. Eine davon bezog sich auf das, was Colton »Marker« an den Händen und Füßen von Jesus nannte. Manche Historiker behaupten, dass in der römischen Kreuzigungspraxis die Nägel durch die Handgelenke des Hinzurichtenden geschlagen wurden statt durch die Handflächen, die unter dem Gewicht des Körpers reißen würden. Der Bericht im Johannesevangelium bestätigt jedoch Coltons Beobachtung von durchbohrten Händen statt Handgelenken.

»Und nach diesen Worten zeigte er ihnen seine Hände und seine Seite. Freude erfüllte die Jünger, als sie ihren Herrn sahen.«
   Johannes 20,20

»Einer der Jünger, Thomas, der auch ›Zwilling‹ genannt wurde, war nicht dabei gewesen, als Jesus kam. Sie erzählten ihm: ›Wir haben den Herrn gesehen!‹ Doch er erwiderte: ›Das glaube ich nicht, es sei denn, ich sehe die Wunden von den Nägeln in seinen Händen, berühre sie mit meinen Fingern und lege meine Hand in die Wunde an seiner Seite.‹

Acht Tage später waren die Jünger wieder beisammen, und diesmal war auch Thomas bei ihnen. Die Türen waren verschlossen; doch plötzlich stand Jesus, genau wie zuvor, in ihrer Mitte. Er sprach: ›Friede sei mit euch!‹ Dann sagte er zu Thomas: ›Lege deine Finger auf diese Stelle hier und sieh dir meine Hände an. Lege deine Hand in die Wunde an meiner Seite. Sei nicht mehr ungläubig, sondern glaube!‹«
Johannes 20,24-27

Forscher, die den Tod durch Kreuzigung untersucht haben, behaupten, eine übliche Todesursache sei dabei das Ersticken. Die jüdischen Religionsführer baten darum, dass Jesus die Beine gebrochen würden, weil sie den Tod beschleunigen wollten, indem es ihm unmöglich gemacht wurde, sich weiter mit den Füßen abzustützen, um besser atmen zu können. Das würde darauf hinweisen, dass der größte Teil von Jesu Körpergewicht von seinen Füßen und nicht von seinen Händen getragen wurde. In diesem Fall hätten die Nägel auch nicht die Handflächen zerrissen.

»Die führenden Männer des jüdischen Volkes wollten die Gekreuzigten nicht bis zum nächsten Tag, einem Sabbat – der wegen des Passahfestes noch dazu ein besonderer Sabbat war –, am Kreuz hängen lassen. Um den Tod schneller herbeizuführen, baten sie Pilatus, dass man ihnen die Beine brach. Dann konnten die Leichname vom Kreuz abgenommen werden. Da kamen die Soldaten und brachen den beiden Männern, die mit Jesus gekreuzigt worden waren, die Beine.«
Johannes 19,31-32

4. Wo ist der Himmel?

Gruppengespräch

Warum, meinen Sie, übersteigt Gottes Reich (der Himmel) völlig unser Denkvermögen?

Nach 1. Korinther 13,12 sehen wir jetzt alles »wie in einem trüben Spiegel«. Was bedeutet das wohl?

Was ist es für Sie ein Gefühl zu wissen, dass Sie eines Tages erkennen werden, wie Sie jetzt schon von Gott erkannt sind (1. Korinther 13,12)? Was bedeutet das Ihrer Meinung nach?

☁ Den Himmel gibt's echt

Was halten Sie von dem Gedanken, im Himmel Flügel zu haben?

_____

_____

_____

_____

Worin, meinen Sie, unterscheidet sich ein geistlicher Körper von einem »natürlichen« oder physischen Körper?

_____

_____

_____

_____

Was bedeutet es Ihrer Ansicht nach, dass »das Sterbliche mit Unsterblichkeit überkleidet« wird (1. Korinther 15,53, Hfa)?

_____

_____

_____

_____

4. Wo ist der Himmel?

Was sagt uns die Tatsache, dass Gott Sonne und Mond geschaffen hat, über Zeit in Gottes Reich?

In 1. Johannes 1,5 heißt es: »Gott ist Licht«. Welche Gedanken haben Sie dazu?

In 2. Petrus 3,8 heißt es, dass »ein Tag für den Herrn wie tausend Jahre ist und tausend Jahre wie ein Tag«. Was, meinen Sie, bedeutet das?

✝ Gebet

Vater Gott, an diesem heutigen Tag können wir dich noch nicht ganz kennen, doch eines Tages werden wir es. Wir wissen, dass wir die Majestät und das Geheimnis deines Reichs nicht begreifen können. Zeige uns doch bitte alles, was wir für heute wissen müssen. Danke, dass du uns zu deinen Kindern gemacht hast und einen Ort für uns vorbereitet, an dem wir für immer bei dir leben können. Wir beten im Namen von Jesus. Amen.

Zum Weiterdenken

Wir lesen in 1. Korinther 13,12, dass wir eines Tages im Himmel erkennen werden, so wie wir erkannt sind. Wir werden wissen, weil wir sehen werden. Wir werden Gott und sein ewiges Reich sehen. Colton sah diese Dinge und hat uns mit seinem Erlebnis alle ermutigt. Er sah Flügel; er sah Licht, das Personen umgab; er sah lebendige Menschen in der Blüte ihrer Jahre; er sah Engel; er sah Vergangenheit, Gegenwart und Zukunft. Doch am stärksten beeindruckte Colton die überwältigende Liebe Gottes. Gottes Liebe ist so groß, dass sie alles prägt, was Colton im Himmel erlebte. Jetzt ermutigt er jeden, ebenfalls die überwältigende Kraft dieser Liebe kennenzulernen.

Zum persönlichen Nachdenken

Lesen Sie Epheser 3,17-19.

Auch wenn wir im »Jetzt« von Gottes Reich leben, ist unser Wissen begrenzt. Doch obwohl unser Verständnis der Dinge Gottes unvollständig ist, gibt es Dinge, die wir wissen und erleben können. Der Himmel ist die Erfüllung von Gottes Reich, doch

4. Wo ist der Himmel?

wir müssen nicht erst auf den Himmel warten, um die Kraft von Gottes Liebe zu erfahren.

In Epheser 3 betet Paulus darum, dass seine Mitchristen das volle Ausmaß von Gottes Liebe vollständig begreifen mögen. Er sagt, dass alle, die Jesus Christus nachfolgen (wörtlich: »Heilige«), diese Liebe verstehen können und dass dieses Verstehen sogar über ein reines Wissen hinausgehen kann. Es ist eine Frage des Herzens und des Geistes, nicht nur des Verstandes und Intellekts. Wir können alles über jemanden wissen, ohne je tatsächlich Zeit mit diesem Menschen verbracht zu haben. Wir können seinen Namen und seine Herkunft kennen; wir können wissen, was er gesagt oder getan hat. Doch ohne eine persönliche Beziehung kennen wir diesen Menschen eigentlich nicht richtig. Mit dem Verstehen der wahren Breite und Länge und Tiefe und Höhe von Gottes Liebe ist es ganz ähnlich. Ohne eine persönliche Beziehung zu Gott, ohne Beteiligung sowohl unseres Herzens als auch unseres Verstandes, können wir ihn und seine Liebe nicht vollends begreifen.

Während der Himmel, wenn wir dort ankommen, alles weit übersteigen wird, was wir uns vorstellen können, müssen wir nicht ohne Trost darauf warten. Stattdessen können wir schon jetzt anfangen, Gott kennenzulernen und in seinem Reich zu leben. Wir können sein Wort lesen, beten und im Gespräch mit ihm sein. Wir können ihn persönlich kennenlernen, und dadurch anfangen, seine Liebe auf allen Ebenen des Verstehens, die wir haben, zu begreifen. Wir sehen jetzt zwar undeutlich, aber wir können trotzdem sehen. Wir können trotzdem Gottes Liebe erfahren. Wie Paulus im Epheserbrief schreibt, können wir anfangen wahrzunehmen, wie unermesslich Gottes Liebe ist, wenn Christus in unserem Herzen wohnt und wir in seiner Liebe verwurzelt sind. Wir fangen an, die tiefe Wahrheit zu begreifen, die in Coltons einfacher Aussage steckt: »Gott liebt uns so sehr, so sehr.«

Den Himmel gibt's echt

Nachdenkenswerte Fragen

Warum, meinen Sie, kommt Colton bei allem, was er erlebt hat, immer wieder darauf zu sprechen, wie sehr Gott uns liebt?

Wir wissen, dass Gottes Reich sowohl »jetzt« als auch »noch nicht« ist. Wie können uns 1. Korinther 13,12 und Epheser 3,17-19 uns helfen, diesen Gedanken zu verstehen?

Wer ist Ihr Lieblingsschauspieler? Wer ist Ihr bester Freund? Worin unterscheidet sich Ihr Wissen über diese beiden Menschen? Was bedeutet es unter diesem Gesichtspunkt, Gott zu kennen?

4. Wo ist der Himmel?

Warum, glauben Sie, hat Gott sich entschieden, uns einen Teil seines Reichs schon hier auf dieser Erde erleben zu lassen, während wir auf dessen völlige Erfüllung im Himmel noch warten?

Haben Sie Gottes Liebe bereits persönlich erfahren? Wenn nicht, welche Schritte können Sie dann unternehmen, ihre Realität für sich selbst zu entdecken?

Den Himmel gibt's echt

Weitere Notizen

5. Wer kommt in den Himmel?

Ganz praktisch

- Wo befindet sich *Ihrer* Meinung nach der Himmel?
- Jesus sitzt im Himmel direkt neben Gott. Was tut er dort wohl?
- Jesus starb für uns am Kreuz. Das ist wunderbar – aber er stand auch wieder von den Toten auf, er kehrte ins Leben zurück! Nach seiner Auferstehung sah er fast noch genauso aus wie zuvor, doch er konnte wunderbare, erstaunliche Dinge tun: durch Wände gehen, plötzlich verschwinden und in die Luft aufsteigen. Warum war Jesus wohl dazu in der Lage?
- Wir wissen, dass der Himmel existiert, aber wir können ihn nicht sehen, bis Gott es uns erlaubt. Colton ging in den Himmel, aber er starb nicht. Warum, meinen Sie, hat Gott ihm den Himmel gezeigt, als er noch lebte?
- Colton erzählte, er könne im Himmel fliegen. Glauben Sie, dass Menschen im Himmel fliegen können? Wenn ja, warum wohl? Wie würde das wohl für Sie sein?
- Colton möchte Gott fragen, warum es auf der Erde Ungeziefer gibt. Welche Frage würden Sie Gott gern stellen?
- Die Bibel sagt: »Gott ist Licht« (1. Johannes 1,5). Was, meinen Sie, bedeutet das?
- »Bei Gott ist nichts unmöglich« (Lukas 1,37). Was kann Gott alles tun?
- Wissen Sie, dass Gott sagt, dass wir ihn tatsächlich kennen können? Er sagt, dass wir es nur wirklich wollen und ihn bitten müssen, und er wird uns helfen zu verstehen, wie er ist. Was wissen Sie bereits über Gott?

 Familiengebet

Vater, wir danken dir neu für deine Liebe und dafür, dass du den Himmel für uns geschaffen hast. Es wird wunderbar sein, wenn wir einmal dort bei dir leben können. Doch bis zu diesem Tag hilf uns bitte, so zu leben, wie es dir gefällt. Hilf uns, andere zu lieben und ihnen zu helfen zu erkennen, wie wunderbar du bist. Danke für unsere Familie und dass wir durch Jesus alle zu deiner Familie hier auf der Erde und im Himmel gehören dürfen. Wir möchten jeden Tag mehr über dich lernen. Danke, dass du uns nahebringst, wie groß deine Liebe ist. Amen.

Kapitel 5
Wer kommt in den Himmel?

Eines Abends, als Jesus als Mensch auf dieser Erde lebte, kam ein Pharisäer namens Nikodemus, um mit ihm zu sprechen. Nikodemus glaubte, dass Jesus von Gott gekommen war, und erkannte die Vollmacht Gottes in seinem Leben. Doch was Jesus zu ihm sagte, war schockierend: »Ich versichere dir: Wenn jemand nicht von Neuem geboren wird, kann er das Reich Gottes nicht sehen« (Johannes 3,3).

Nikodemus war verwirrt: »Wie kann denn ein alter Mensch wieder in den Leib seiner Mutter zurückkehren und zum zweiten Mal geboren werden?«, fragte er (Johannes 3,4). Er begriff nicht, dass Jesus von einem geistlichen Vorgang sprach, nicht von einem natürlichen.

So, wie wir körperlich in diese Welt hineingeboren werden, müssen wir geistlich in Gottes Reich hineingeboren werden. Indem wir dieses neue geistliche Leben empfangen, treten wir in eine neue Sphäre ein. Es ist ein neuer Daseinszustand, in dem wir das »Jetzt« von Gottes Reich entdecken, und Gewissheit über das »Noch-nicht« gewinnen. Im »Jetzt« werden wir vor der Strafe von Sünde und Tod gerettet. Und obwohl es »noch nicht« ist, haben wir die Gewissheit, dass wir in Gottes kommendem Reich – dem Himmel – ewig in Gottes vollkommener Gegenwart leben werden.

Doch wie findet diese neue Geburt statt?

Wir haben bereits gehört, dass Jesus sagte: »Ich bin der Weg, die Wahrheit und das Leben« (Johannes 14,6). Jesus ist der Weg, auf dem wir dieses neue Leben finden – durch ihn erleben wir die geistliche Geburt in das Reich Gottes hinein. In Römer 10,9 lesen wir: »Wenn du mit deinem Mund bekennst, dass Jesus der Herr ist, und wenn du in deinem Herzen glaubst, dass Gott ihn von den Toten auferweckt hat, wirst du gerettet werden.« Einfach ausgedrückt, wenn Sie glauben, dass Jesus der Sohn Gottes ist, dass er für unsere Sünden starb und im Sieg über den Tod wieder auferstand, kann Ihnen das neue Leben in ihm gehören, wenn Sie nur darum bitten.

Wer kommt in den Himmel? Diejenigen, die bekennen und an Jesus und die Rettung glauben, die allen zur Verfügung steht, die das neue Leben in ihm annehmen.

Vielleicht fragen Sie jetzt, was mit Coltons Schwester ist oder mit anderen Kindern, die nicht die Gelegenheit hatten, von der Rettung durch Jesus zu erfahren und sie anzunehmen. Wie können sie in den Himmel kommen? – Rettung ist nur da nötig, wo Sünde existiert. Ein Kind, das zu jung ist, um richtig von falsch zu unterscheiden, kann sich nicht wirklich für die Sünde entscheiden. Jesus sagte: »Lasst die Kinder doch zu mir kommen. Hindert sie nicht daran! Denn solchen gehört das Reich Gottes« (Lukas 18,16). Das ist zweifellos der Grund, weshalb Colton immer wieder sagte: »Jesus hat die Kinder wirklich echt lieb.«

Gruppengespräch

Können Sie sich mit Nikodemus identifizieren? Inwiefern?

5. Wer kommt in den Himmel?

Haben Sie die geistliche Geburt erlebt, über die wir in diesem Kapitel gesprochen haben? Wenn ja, erzählen Sie etwas von Ihrer Erfahrung. Wenn nicht: Haben Sie Fragen, auf die Sie gern Antworten hätten?

Haben Sie anderen schon einmal von Ihrer persönlichen Beziehung zu Jesus erzählt? War das schwer? Warum oder warum nicht?

Wer Jesus als seinen persönlichen Retter kennt, wird eines Tages bei ihm und Gott im Himmel leben. Tröstet Sie dieses Versprechen? Inwiefern?

DVD Kapitel 5: Einführung

Viele von uns haben den Verlust eines geliebten Menschen erlebt. Wir kennen den Schmerz der Trennung und die Traurigkeit eines Abschieds. Der Tod kann uns große Angst machen und sehr wehtun; er scheint das unwiderrufliche Ende zu sein. Doch Coltons Erlebnis führt uns deutlich und realistisch vor Augen, dass für diejenigen, die Christus kennen, der Tod nicht das Ende, sondern ein Anfang ist. Für uns muss nicht im Vordergrund stehen, über den Verlust geliebter Menschen irgendwie »hinwegzukommen« oder ihn gar zu vergessen. Noch mehr benötigen wir Geduld, weil wir eines Tages im Reich Gottes wieder mit den Menschen, die wir lieben, vereint sein werden.

Colton bringt seinen Wunsch zum Ausdruck, in den Himmel zurückzukehren. Seine Gefühle scheinen denen des Apostels Paulus sehr ähnlich zu sein. Dem Apostel fiel es schwer, zwischen dem Leben im Dienst für Christus hier auf der Erde und dem ewigen Leben im Himmel zu wählen (Philipper 1,22-24). Er sagte: »Denn Christus ist mein Leben, aber noch besser wäre es, zu sterben und bei ihm zu sein« (Philipper 1,21). Paulus erkannte, so wie Colton, dass der Himmel ein wunderbarer Ort der Vollkommenheit ist, wo wir wieder mit denen vereint sein werden, die vor uns gegangen sind – und vor allem werden wir mit Gott vereint sein.

In 1. Thessalonicher 4,13 heißt es, dass wir nicht so trauern wie Menschen, die keine Hoffnung haben, sondern in einer sicheren Wiedersehenshoffnung leben dürfen – nicht nur in Bezug auf Gott, sondern auch auf die Menschen, die wir lieben. Wer diese Hoffnung besitzt, dem gilt auch die Verheißung von Jesus: »Ich lasse euch ein Geschenk zurück – meinen Frieden. Und der Friede, den ich schenke, ist nicht wie der Friede, den die Welt gibt. Deshalb sorgt euch nicht und habt keine Angst« (Johannes 14,27). Wenn wir einen geliebten Menschen an den körperlichen Tod verlieren, kann uns die Verarbeitung dieser Erfahrung ein gewisses Maß an Frieden bringen. Doch dieser armselige Ersatz ist nichts im Gegensatz zu dem vollkommenen Frieden, den wir durch den Glauben an Jesus haben können.

Gruppengespräch

Haben Sie schon einmal die scheinbare Hoffnungslosigkeit erlebt, die der Tod eines geliebten Menschen mit sich bringt? Welche anderen Gefühle bewegten Sie?

Was hat Sie durch diese Zeit gebracht? Erleben Sie echten Frieden?

Was empfinden Sie, wenn Sie an den Tod denken?

Betrachten Sie den Himmel wirklich als Ihr Zuhause? Wenn ja, inwiefern? Wenn nicht, warum?

Inwiefern können Sie Paulus' Konflikt nachvollziehen, hin- und hergerissen zu sein zwischen dem Wunsch, hierzubleiben und der Sehnsucht, bei Jesus zu sein?

5. Wer kommt in den Himmel?

📀 DVD Kapitel 5

Wir hoffen, dass Sie inzwischen verstanden haben, dass der körperliche Tod für die Menschen, die Jesus kennen, in Wirklichkeit der Übergang ins Leben ist. Wir sterben nicht und verlassen unser Zuhause; wir treten vom Leben hinüber ins Leben und gehen nach Hause.

Hier auf der Erde, unserer vorübergehenden Heimat, ist unser Leben nicht selten von Sorgen überlagert. Unser Blick wird oft von den täglichen Belangen und Herausforderungen bestimmt. Selbst diejenigen unter uns, die die Rettung durch Jesus angenommen haben, können sich von den Ablenkungen des Lebens vom Wesentlichen abbringen lassen. Unser Blick ist oft vernebelt. Wir sehen die Dinge »wie in einem trüben Spiegel« (1. Korinther 13,12). Es kann uns so vorkommen, als sei diese Welt die einzige Wirklichkeit. Doch seit Colton mit seinem Bericht über den Himmel zu uns zurückkehrte, ist für unsere Familie dieses geistliche Reich das, worauf wir uns konzentrieren und was für unsere Familie die wahre Wirklichkeit definiert.

Obwohl wir trotzdem durch die Umstände des Lebens abgelenkt werden, haben wir nun eine ständige Erinnerung daran, dass diese Welt nur vorübergehend ist. Wir müssen unsere Augen auf Gottes Reich gerichtet halten und uns an sein Versprechen klammern, statt zuzulassen, dass die Sorgen dieses Lebens uns niederdrücken und besiegen. Wir versuchen heute, uns das, was ewige Bedeutung hat, immer vor Augen und im Herzen lebendig zu halten.

Eins der eindrücklichsten Dinge, die Colton uns über den Himmel gesagt hat, ist: »Der Erste, den du sehen wirst, ist Jesus.« Stellen Sie sich das einmal vor! Wie wird es sein, in die Augen zu schauen, die die Schöpfung bereits gesehen haben, bevor sie vollendet war? Wie wird es sein, das Lächeln zu sehen, das ein ganzes

Den Himmel gibt's echt

Königreich erleuchten kann? Die Umarmung jener Arme zu spüren, die am Kreuz weit für uns ausgestreckt waren, um uns zu retten? Die Berührung der Hände zu spüren, die durchbohrt waren? Die Stimme zu hören, deren Echo durch die ganze Ewigkeit hallt: »Kommt, ihr seid von meinem Vater gesegnet, ihr sollt das Reich Gottes erben, das seit der Erschaffung der Welt auf euch wartet« (Matthäus 25,34)?

Wie wunderbar muss es sein, so in die Ewigkeit zu treten!

 Bibelstellen

Philipper 3,12–14
»Ich will nicht behaupten, ich hätte dies alles schon erreicht oder wäre schon vollkommen! Aber ich arbeite auf den Tag hin, an dem ich endlich alles sein werde, wozu Christus Jesus mich errettet und wofür er mich bestimmt hat. Nein, liebe Freunde, ich bin noch nicht alles, was ich sein sollte, aber ich setze meine ganze Kraft für dieses Ziel ein. Indem ich die Vergangenheit vergesse und auf das schaue, was vor mir liegt, versuche ich, das Rennen bis zum Ende durchzuhalten und den Preis zu gewinnen, für den Gott uns durch Christus Jesus bestimmt hat.«

Hebräer 12,1–2
»Da wir von so vielen Zeugen umgeben sind, die ein Leben durch den Glauben geführt haben, wollen wir jede Last ablegen, die uns behindert, besonders die Sünde, in die wir uns so leicht verstricken. Wir wollen den Wettlauf bis zum Ende durchhalten, für den wir bestimmt sind. Dies tun wir, indem wir unsere Augen auf Jesus gerichtet halten, von dem unser Glaube vom Anfang bis zum Ende abhängt. Er war bereit, den Tod der Schande am Kreuz zu sterben, weil er wusste, welche Freude ihn danach erwartete. Nun sitzt er an der rechten Seite von Gottes Thron im Himmel!«

5. Wer kommt in den Himmel?

Matthäus 6,25–34

»Darum sage ich euch: Sorgt euch nicht um euer tägliches Leben – darum, ob ihr genug zu essen, zu trinken und anzuziehen habt. Besteht das Leben nicht aus mehr als nur aus Essen und Kleidung? Schaut die Vögel an. Sie müssen weder säen noch ernten noch Vorräte ansammeln, denn euer himmlischer Vater sorgt für sie. Und ihr seid ihm doch viel wichtiger als sie. Können all eure Sorgen euer Leben auch nur um einen einzigen Augenblick verlängern? Nein.

Und warum sorgt ihr euch um eure Kleider? Schaut die Lilien an und wie sie wachsen. Sie arbeiten nicht und nähen sich keine Kleider. Trotzdem war selbst König Salomo in seiner ganzen Pracht nicht so herrlich gekleidet wie sie. Wenn sich Gott so wunderbar um die Blumen kümmert, die heute aufblühen und schon morgen wieder verwelkt sind, wie viel mehr kümmert er sich dann um euch? Euer Glaube ist so klein!

Hört auf, euch Sorgen zu machen um euer Essen und Trinken oder um eure Kleidung. Warum wollt ihr leben wie die Menschen, die Gott nicht kennen und diese Dinge so wichtig nehmen? Euer himmlischer Vater kennt eure Bedürfnisse. Wenn ihr für ihn lebt und das Reich Gottes zu eurem wichtigsten Anliegen macht, wird er euch jeden Tag geben, was ihr braucht.

Deshalb sorgt euch nicht um morgen, denn jeder Tag bringt seine eigenen Belastungen. Die Sorgen von heute sind für heute genug.«

Gruppengespräch

Welche Gedanken kommen Ihnen zu der Tatsache, dass wir, wenn wir als Menschen sterben, die an Jesus glauben, unser Zuhause nicht *verlassen*, sondern nach Hause *gehen*? Welchen Unterschied macht das für Sie?

Was lenkt Sie davon ab, im Blick zu behalten, dass der Himmel die wahre Realität ist?

Wie können Sie sich in Ihrem eigenen Leben davor schützen, sich von den Sorgen dieser Welt ablenken zu lassen?

5. Wer kommt in den Himmel?

Was, meinen Sie, werden Sie fühlen, wenn Sie Jesus zum ersten Mal mit eigenen Augen sehen?

Was werden wohl seine ersten Worte an Sie sein?

Wie stellen Sie sich Jesus vor, der Sie liebevoll ansieht?

Motiviert Sie die intensive Beschäftigung mit diesem Buch dazu, mit anderen Menschen über Ihren Glauben zu reden? Inwiefern?

_____

_____

_____

_____

Colton konnte vom Himmel aus Vergangenheit, Gegenwart und Zukunft sehen. Unter diesem Gesichtspunkt: Was meinte der Schreiber des Hebräerbriefes wohl mit der Aussage, wir seien »von so vielen Zeugen umgeben« (Hebräer 12,1)?

_____

_____

_____

Was bedeutet es Ihrer Meinung nach, das Reich Gottes zu unserer wichtigsten Aufgabe zu machen (siehe Matthäus 6,33)? Wie können Sie das in Ihrem eigenen Leben umsetzen?

_____

_____

_____

_____

5. Wer kommt in den Himmel?

✝ Gebet

Vater, du bist es wert, dass wir dich loben. Nichts, was wir geben können, kann unsere Dankbarkeit zum Ausdruck bringen. Du hast uns erschaffen; du hast uns geliebt, auch als wir noch als Sünder lebten; du hast uns gerettet; du hast für uns ein ewiges Paradies vorbereitet – du wünschst dir, uns in alle Ewigkeit bei dir zu haben! Du bist der Schöpfer des Universums; nichts existiert ohne dich; und doch liebst du die sündige Menschheit so stark und tief, dass wir es nicht begreifen können. Danke, dass du für uns den Weg zu einer Beziehung mit dir freigemacht hast. Amen.

☁ Zum Weiterdenken

Jesus wollte, dass wir Gottes Reich verstehen. Doch Gottes Realität ist so weit jenseits unserer Welt, dass es mitunter schwer ist, sie zu begreifen. Darum lehrte Jesus in Gleichnissen (Geschichten über bekannte Dinge, die das Unbekannte erklären oder definieren) – um uns zu helfen, Gott und sein Reich besser zu verstehen.

Jesus sprach oft über den Himmel. Er wollte uns daran erinnern, dass diese Welt nicht unser Zuhause ist. Er wollte, dass wir über die Prüfungen und den Schmerz hinausblicken, der uns in dieser Welt begegnet, und unsere Augen auf die Dinge richten, die von ewiger Bedeutung sind. Nicht, dass Jesus nicht den Schmerz versteht, den wir in dieser Welt erleben – vielmehr lesen wir in Psalm 56,9, dass Gott unseren Schmerz nicht vergisst und ihm unsere Tränen wertvoll sind. Er weint sie mit uns.

Zum persönlichen Nachdenken
Lesen Sie Matthäus 13,1-9.18-23.44-46.

Nachdenkenswerte Fragen:

An welche schmerzlichen Erlebnisse erinnerten Sie sich in diesem Kapitel? Welche Gefühle empfanden Sie in jenen schweren Zeiten Gott gegenüber? Wie sehen Ihre Gefühle heute aus?

Wenn Sie Matthäus 13,1-9 lesen: Welche Art von Erde trifft am besten auf Sie selbst zu? Warum?

Was ist der verborgene Schatz, von dem in Matthäus 13,44 die Rede ist? Besitzen Sie diesen Schatz? Erklären Sie Ihre Gedanken.

5. Wer kommt in den Himmel?

Inwiefern ist der Himmel wie eine wertvolle Perle (siehe Matthäus 13,46)?

Was haben Sie aus der Beschäftigung mit diesem Buch gelernt, das Ihr Leben verändert hat? Wie sehen Sie jetzt den Himmel?

Welche Aspekte am Himmel, wie Colton ihn erlebt hat und wie die Bibel ihn beschreibt, haben Sie am meisten fasziniert? Warum?

Den Himmel gibt's echt

Weitere Notizen

5. Wer kommt in den Himmel?

Ganz praktisch

- Wer kommt in den Himmel? Warum, meinen Sie, ist das wahr?
- Wissen Sie jetzt, am Ende unserer Beschäftigung mit diesem Buch, wie Sie sich sicher sein können, dass Sie eines Tages mit Jesus in Gottes Haus (dem Himmel) wohnen werden?
- Jesus sagte: »Lasst die Kinder doch zu mir kommen. Hindert sie nicht daran! Denn solchen gehört das Reich Gottes« (Lukas 18,16). Als Colton aus dem Himmel zurückkam, sagte er allen immer wieder: »Jesus hat die Kinder wirklich echt lieb.« Warum liebt Jesus Kinder wohl so sehr?
- Was, meinen Sie, bedeutet »Frieden«?
- Die Bibel sagt uns, dass Jesus uns Frieden geben wird, der tiefer ist, als wir je verstehen können, selbst wenn wir etwas oder jemanden verlieren, den wir lieben. Wie mag sich dieser Friede wohl anfühlen?
- Der Himmel ist »vollkommen«. Verstehen Sie am Ende unserer Beschäftigung mit diesem Buch, was diese Aussage wirklich bedeutet?
- Was bedeutet für Sie das Wort *Tod*? Erschreckt Sie das? (Liebe Eltern, wenn Ihre Kinder mit Ihnen zusammen dieses Buch durcharbeiten, dann überlegen Sie, ob sie reif genug sind, um den DVD-Abschnitt zu diesem Kapitel anzusehen.)
- Warum sollte Coltons Aufenthalt im Himmel uns helfen, uns nicht vor dem Tod zu fürchten?
- Worauf freuen Sie sich am Himmel am meisten?
- Wie, meinen Sie, wird es sein, Jesus zu sehen?
- Denken Sie, dass er Sie erkennen wird? Werden Sie ihn erkennen?

 Familiengebet

Vater Gott, das Leben kann so wunderbar sein, aber manchmal ist es wirklich schwer. Wir danken dir für die guten Zeiten und bitten dich, uns durch die schweren Zeiten zu helfen. Hilf uns, immer daran zu denken, dass du einen Ort für uns geschaffen hast, an dem wir bei dir leben können und wo es keine schweren Zeiten mehr geben wird. Wir wollen anderen helfen, alles über dich und den Himmel zu erfahren. Bitte gib uns den Mut, anderen von dir und deiner erstaunlichen Liebe zu erzählen. Amen.

Zum Schluss

Offenbarung 22,1-6a.12.17.20-21:
»*Und der Engel zeigte mir einen reinen Fluss mit dem Wasser des Lebens, so klar wie Kristall, der vom Thron Gottes und des Lammes entspringt und in der Mitte der Hauptstraße hinabfließt. Auf beiden Seiten des Flusses ist je ein Baum des Lebens, der zwölf verschiedene Früchte trägt und jeden Monat eine neue Frucht hervorbringt. Die Blätter dienen zur Heilung der Völker.*

Nichts wird je wieder unter einem Fluch stehen. Denn der Thron Gottes und des Lammes wird dort sein, und seine Diener werden ihn anbeten. Und sie werden sein Gesicht sehen, und sein Name wird auf ihren Stirnen geschrieben stehen. Und es wird dort keine Nacht mehr geben – man wird weder Lampen noch das Licht der Sonne brauchen –, weil der Herr, Gott, über ihnen leuchten wird. Und sie werden für immer und ewig herrschen.

Dann sagte der Engel zu mir: ...

›Siehe, ich komme bald und mein Lohn mit mir, um allen zu vergelten, was sie getan haben. Ich bin das Alpha und das Omega, der Erste und der Letzte, der Anfang und das Ende.‹ ...

Der Geist und die Braut sagen: ›Komm!‹ Und wer sie hört, soll sagen: ›Komm!‹ Wer durstig ist, der komme. Wer will, soll kommen und umsonst vom Wasser des Lebens trinken! ...

Derjenige, der dies alles bezeugt, sagt: ›Ja, ich komme bald!‹

Amen! Komm, Herr Jesus!

Die Gnade des Herrn Jesus soll euch begleiten!«

Todd Burpo, Lynn Vincent
Den Himmel gibt's echt
Die erstaunlichen Erlebnisse eines Jungen
zwischen Leben und Tod

Gebunden, 13,5 x 20,5 cm, 164 Seiten
Nr. 395.278, ISBN 978-3-7751-5278-5

Unglaublich oder erstaunlich? Urteilen Sie selbst: Colton ist vier Jahre alt, als er lebensgefährlich erkrankt und operiert werden muss. Dass er überlebt, ist ein Wunder. Später erzählt er seinen Eltern, dem Pastorenehepaar Todd und Sonja Burpo, von erstaunlichen Dingen, die er während dieser Zeit zwischen Leben und Tod gesehen hat. Er berichtet von Tatsachen, die er gar nicht wissen konnte. Coltons Fazit: »Den Himmel gibt's echt!« Mit Fotos.

Todd Burpo, Philipp Schepmann (Sprecher)
Den Himmel gibt's echt – Hörbuch
Die erstaunlichen Erlebnisse eines Jungen
zwischen Leben und Tod

4 CDs, Gesamtspielzeit ca. 270 Min.
Nr. 395.394

Bitte fragen Sie in Ihrer Buchhandlung nach diesen Produkten!
Oder schreiben Sie an: SCM Hänssler, D-71087 Holzgerlingen;
E-Mail: info@scm-haenssler.de; Internet: www.scm-haenssler.de

Todd Burpo, Sonja Burpo
**Den Himmel gibt's echt –
Das Buch zum Weiterdenken**

Gebunden, 13,5 x 20,5 cm, 208 S.
Nr. 395.430, ISBN 978-3-7751-5430-7

Bei vielen Lesern hat Coltons Geschichte Fragen aufgeworfen über das Leben und die Zeit danach. In 42 kurzen Kapiteln schildern Coltons Eltern Erlebnisse mit ihrem Sohn und schließen daran Gedankenanstöße und Bibelabschnitte an, die zum weiteren Nachdenken einladen.

Den Himmel gibt's echt
Im Gespräch mit dem Jungen,
der im Himmel war

DVD, 90 Minuten, FSK Infoprogramm
Nr. 210.248

Millionen Menschen auf der ganzen Welt haben seine Geschichte gelesen: Auf dieser DVD erzählen Colton und seine Eltern von der Zeit nach der Operation und von Coltons erstaunlichen Erlebnissen. Zu jedem Thema gibt es eine theologische Einführung von Todd Burpo.

*Bitte fragen Sie in Ihrer Buchhandlung nach diesen Produkten!
Oder schreiben Sie an: SCM Hänssler, D-71087 Holzgerlingen;
E-Mail: info@scm-haenssler.de; Internet: www.scm-haenssler.de*